Merde à la déprime

Du même auteur

Aventure

La Terre en rond, Flammarion, 1970

Publicité

Ne dites pas à ma mère que je suis dans la publicité, elle me croit pianiste dans un bordel, Flammarion, 1979
Hollywood lave plus blanc, Flammarion, 1982
Fils de pub, Flammarion, 1984
C'est gai, la pub!, Hoëbeke, 1990
L'argent n'a pas d'idées, seules les idées font de l'argent, Seuil, 1983
Pub Story, Hoëbeke, 1994
80 ans de publicité Citroën et toujours 20 ans, Hoëbeke, 1999
Tous ego, Jean-Claude Gawsewitch, 2005

Essai

Demain il sera trop star, Flammarion, 1988
Le futur a de l'avenir, Ramsay, 1996
Sœur courage, Presses de la Renaissance, 2006
Génération QE, Pearson, 2009
Autobiographie non autorisée, Plon, 2009

Politique

Vote au-dessus d'un nid de cocos, Flammarion, 1992
La Parole de Dieu, Albin Michel, 1995
Le Vertige des urnes, Flammarion, 2000
La Prise de l'Élysée, Plon, 2007
Le Pouvoir dans la peau, Plon, 2011

Jacques SÉGUÉLA

Merde à la déprime

Jean-Claude Gawsewitch Éditeur

130, rue de Rivoli
75001 Paris

www.jcgawsewitch.com

ISBN : 978-2-35013-424-6

À Tristan, Sara, Lola, Ava, Mia.
L'avenir est le passé de nos enfants.

Avant-propos

Je n'ai jamais eu l'âge de raison. Enfant, je m'enflammais pour un rien, capable de faire la grève de la faim à 8 ans, parce que mes parents m'interdisaient de les suivre le soir au cinéma. J'aimais déjà d'amour ce rêve sur pellicule, mais y joindre la fantasmagorie de la nuit en faisait pour moi le paradis des songes. Mon adolescence perpignanaise et son carcan castrateur m'offrirent un long bizutage de la vie et de ses fruits pour moi défendus. Je m'en échappais en fuyant ses codes pour me construire dans les interdits.

Plus tard, je mis la même ardeur juvénile à me préparer à l'aventure comme aux aventures. Pour mieux affronter la première, je dormais les nuits d'hiver sur mon balcon à même le sol dans un sac de couchage, afin de m'aguerrir pour mes futures échappées belles. Quant aux escapades, je parle des aventures féminines, je m'étais fixé une règle : ne jamais laisser passer une semaine sans aller au feu. L'épreuve était toujours la même : se rendre dans un lieu public et séduire la première femme entrant. Par séduire, je n'entendais pas subjuguer, je n'avais ni les charmes, ni les moyens d'un Casanova fût-il de province. Séduire se bornait à la revoir au moins une fois et donc l'aborder et obtenir un rendez-vous.

J'essuyais, vous l'imaginez bien, dix revers pour une acceptation, je connus toutes les humiliations du : « Si vous dites un mot de plus, j'appelle les flics » à l'inopinée paire de gifles. J'eus même droit un jour au coup de pied aux fesses du mari proche que, comme un imbécile, je n'avais pas décelé.

Qu'importe le jeu, car cela en était un, il eut le double mérite de me guérir de ma timidité et de m'apprendre l'art de convaincre, j'en ferai mon métier. Car l'extraverti que je suis devenu était né paralysé d'effroi à la seule obligation de dire bonjour. Tels ces enfants chéris qui se blottissent dans les jupes de leurs mères dès qu'un inconnu s'approche, je me cachais derrière moi-même. « Mon fils, me répétait ma mère avec une infinie tendresse, tu n'es pas très beau, pas très grand, pas très intelligent, mais tu as une force en toi, tu as la passion. Demain t'appartient ! »

L'imagination, qui par la suite m'ouvrit les portes du business comme de la politique, je l'apprivoisais au jour le jour en m'autorisant tous les manques, sauf le manque d'idées. Je reste persuadé que nous naissons avec un incroyable potentiel créatif. Hélas ni nos parents, ni nos maîtres ne nous poussent vers ces rives embrumées et envoûtantes. Dès le premier âge on nous met à la question, plutôt que de répondre aux nôtres. L'éducation, l'enseignement sont des carcans. On nous donne des leçons, on devrait nous donner des ailes. On enchaîne notre esprit, on devrait libérer nos neurones. Dès le collège, les matières enseignées dictent nos limites : mathématiques, économie, physique, chimie, géographie. Autant de sciences exactes où règnent les chiffres et les faits. La poésie, le dessin, la musique, la danse ne sont pas ou presque du programme. Ils sont relégués au temps libre que l'accumulation des horaires réduit à une peau de chagrin. On nous prépare à être ingénieur ou artisan mais certes pas poète ou artiste. Comment s'étonner qu'ils soient si peu nombreux en fin de cycle ?

Ma mère, Simone, protestante, s'était convertie au catholicisme par amour mais elle ne cessa jamais la pratique des deux cultes. Chaque dimanche matin débutait par l'office au temple pour s'achever par la messe à l'église. Toute mon éducation se fit ainsi en vice et versa.

Simone, une fois l'an, me conduisait à Paris. C'était à l'époque une presque expédition. L'avion n'existait pas pour de si courtes distances, le train y mettait la nuit. Au programme, la visite du Louvre, temple de l'immobile et de l'infini, et celle du concours Lépine, ce grand bazar du farfelu et du périssable. Qu'importe que ce soit le Salon de l'imagination jetable, où 95 % des exposants n'ont aucune chance d'y voir leurs élucubrations éditées. Le bonheur pour moi était dans cette fourmilière d'idées exposées sans complexe au public ; je rêvais d'avoir un jour mon étal dans ce grand magasin de la curiosité. J'interrogeais, je notais, j'emmagasinais et de retour à Perpignan, je me sentais un tout autre jeune homme. Prêt à conquérir le monde, gavé de l'imagination des autres, paré pour tous les combats de l'inventivité. Un Rastignac catalan au petit pied.

Le temps est passé, je n'aurai rien inventé sinon quelques slogans demain oubliés, mais tout au long de ces combats de l'éphémère que mène la pub de par le monde, j'aurai continué de me nourrir, et tenté de nourrir mon métier, de ces mille et une tentatives des hommes à rendre demain possible ce qui est aujourd'hui impossible. La grande aventure de la vie n'est-elle pas de vouloir constamment la changer ? Chacun en son temps, chacun à son tempo.

« Changer la vie », le meilleur cri de ralliement de François Mitterrand qui pourtant ne fit pas la carrière de la Force tranquille, est plus que jamais de saison. Ce raz de marée sociologique et technologique qui nous envahit depuis deux décennies peut seul modifier notre futur et nous guérir de notre grande déprime. Il est mille et une raisons d'espérer, il suffit de trouver les siennes. Chacun dans sa discipline peut contribuer, ne serait-ce que pour une part infime, à l'avancée de notre siècle.

De quel droit, vous demandez-vous, un fils de pub s'aventure-t-il sur une pente qui n'est pas la sienne, celle du coaching de café du commerce ?

Détrompez-vous, la publicité est la plus mouvante des techniques, c'est bien ce qui me fascine en elle. Je l'ai abordée dans les années 1960, alors qu'elle était encore réclame, calembours et jeux de mots laids. Je m'en suis rassasié avec cet appétit glouton de tout début professionnel. Dans les années 1970, je l'ai vue devenir publicité et me suis engagé sans réfléchir dans cette nouveauté venue d'outre-Atlantique. Cherchant à sauver notre âme latine dans ce ras de marée anglo-saxon, seul contre tous les caciques, j'ai surnagé ou plutôt ramé à contre-courant. Les *eighties* à leur tour ont ouvert une autre voie, celle de la communication. La publicité devenue spectacle s'est détachée de la promotion de plus en plus réclame. Tout est devenu pub. Tout est devenu création, les relations presse, le marketing direct, la stimulation, le design, et même la finance et la politique. Je me suis engouffré dans la brèche. À coups de cœur, à coups de gueule. Mais la décennie n'était pas achevée que s'amorçait le virage des *nineties*. La pub se faisait connexion, comment ne pas sauter en marche dans le train du digital ? Soudain, tout redevenait neuf. Les techniques, les méthodes, le vocabulaire changeaient, tout précurseur jouait les prédicateurs, j'y retrouvais ma jeunesse catholico-protestante. Mais surtout le monde changeait de monde.

Puis revint la crise, la grande crise, notre 1929 à nous. La France a su se préserver du pire, en évitant la faillite économique mais pas la chute vertigineuse de son moral et de sa morale, de son talent et de son allant. La campagne présidentielle de 2012, sous le sceau de la haine, a bloqué les esprits et les espérances. C'est contre cet immobilisme, ce fatalisme, ce défaitisme que nous devons nous mobiliser sous peine de condamner notre pays au déclin. Nous en sommes à la porte mais les portes du futur nous sont impénétrables et leurs gonds rouillés d'idées reçues. Nos inégalités nous semblent illégitimes, elles sont moindres que dans le reste de l'Europe. Dans nos esprits, nous sommes les plus vieux héritiers du plus vieux des continents, cinquième puissance du monde, la seconde d'Europe, et demain la plus peuplée. Au lieu de le mettre en avant, nous faisons marche arrière. À la novation, nous préférons la stagnation. Le passé nous rassure, la nouveauté nous glace. Par définition le passé est dépassé, il ne faut avoir de nostalgie que du futur.

La France est à bout de souffle, rongée par un asthme sociologique que nul corticoïde économique ne sait guérir. Le pouvoir n'est nulle part, la politique se dépolitise, la justice se médiatise, l'Église pèche, l'entreprise n'a plus de prise, et lorsque la rue s'en mêle, elle s'emmêle. Notre société se bipolarise, non plus entre droite et gauche, qui ne signifient plus grand-chose, mais entre vrais « réacs » et faux modernes. Les premiers s'accrochent à leurs privilèges, s'arc-boutent sur leurs acquis, s'immobilisent, se nombrilisent. Les autres – penseurs, réformateurs, agitateurs – veulent sauver le monde, un monde qui tourne sans eux.

La foi ne se porte guère mieux. Intégrisme, dogmatisme, fanatisme, le Moyen Âge revient en force. Dieu est mort et le voici renaissant sous de multiples figures qui sont autant d'ersatz. La multiplication des pains s'est faite multiplication des sectes. L'intérêt manipule l'hystérie collective qui sombre dans l'apocalypse et l'autodestruction. Dans ce charivari des âmes, les religions établies perdent à leur tour leurs assises. Les esprits s'interrogent, le mysticisme rôde. Les anciens fidèles, en quête d'un nouveau maître, cherchent sans la trouver une croyance, faisant le lit des télévangélistes, tous charlatans du diable.

Bref, chacun désespère. Pas moi, je dois être anormal… J'aime les temps d'incertitude, du doute naît toujours l'évolution.

L'économie n'est plus à la fête. Au programme : banqueroutes des nations, des cités, des systèmes, faillites des entreprises, des banques, des structures, Bourses en berne, récession annoncée, déflation rampante et pire de nos maux, la progression lancinante et fatale du chômage, ce cancer de nos sociétés modernes. Il nous mine, et l'impuissance des politiques à le résorber nous désespère. Nos repères eux-mêmes vacillent. L'Allemagne, cette arrogante première de la classe, coiffe à son tour le bonnet d'âne de la déconsommation. *A contrario*, des pans entiers de la carte s'embrasent : la Chine, l'Asie du Sud-Est, l'Amérique du Sud. Le monde est à deux vitesses, mais elles se sont inversées : les rétrogrades d'hier sont en pleine accélération et nous en rétropédalage. Tout cela dans la plus totale anarchie. Fraudes, escroqueries, délits d'initiés, détournements de fonds, abus de biens sociaux, piratages informatiques, le business world n'est plus qu'un Chicago de la pire époque. Les *eighties* avaient sacré l'argent roi. Le voici devenu gangster. Dans les pays développés et plus encore dans le nôtre, la richesse matérielle a progressé mais, à contresens, fait régresser le bonheur. Une régression exacerbée par l'insoutenable disparité entre les riches et les pauvres. Une injustice qui, au pays de la liberté, nourrit l'exaspération jusqu'au mal-être.

Le monde lui-même court après une morale planétaire continuant de combattre le fantôme de Ben Laden et fermant les yeux sur la bombe iranienne à venir, la pakistanaise prête à l'emploi ou la coréenne en essai permanent, seuls vrais risques d'une fin atomique. À l'autre bout de la chaîne des hypocrisies, il s'ouvre à la dépénalisation de la drogue, mais fumer une cigarette en public est un délit. Nous manquons de rigueur, de vigueur, d'ardeur. Quelle déroute : les banques et les financiers nous ont trop trahis, les politiques trop menti, les experts trop déçus, les oracles trop trompés. Pire, ils se sont trompés ; leur première faillite est celle de leur jugement. Tant d'intelligence, de morgue, de contentement de soi, et l'incapacité de voir plus loin que le bout de leur bilan.

La dépression est profonde, elle oblige à une remise en cause radicale de nos modèles économiques, politiques, sociétaux. Lors de précédents krachs, les clés du rebond étaient connues : tailler dans les coûts et de concert, dans les effectifs. Rien n'augure de l'efficacité de cette méthode aujourd'hui. Le remède ne fait qu'accélérer le mal. Le moteur de la relance, c'est la confiance, celui du chômage la défiance. Ce n'est pas l'économie, l'industrie, le commerce qui défaillent, c'est l'usage que nous en avons fait. Le monde ne change pas, nous changeons de monde. Il est temps de nous atteler à sa reconstruction. Et de rêver d'un capitalisme moral, de parachutes dorés remisés au grenier, de super bonus amputés, d'un travail réanobli. L'État changeant de logiciel pour revenir aux sources de la social-démocratie s'il est de gauche, de la démocratie sociale s'il est de droite. 2012 en a décidé pour cinq ans.

On devrait craindre le pire, j'y vois le meilleur. Nous manquons de cœur, de leaders, de projets, mais pas de panique. Ils couvent sous la cendre de la crise, ils vont s'attiser et nous entraîner dans l'aventure du IIIe millénaire, la plus fascinante qu'il ait jamais été donné de vivre. L'esprit de renouveau est là, souterrain mais vivant. Courage, ne fuyons pas !

Nous disputons aux Japonais le titre de champion du suicide (500 désespérés se sont jetés sous un train en 2012. 30 % de plus que l'année dernière) et à nos voisins européens celui de 1er consommateur d'anxiolytiques, mais notre manque n'est ni celui de liberté, de santé ou de ressources, mais d'assurance. Qu'on en juge : les Français font partie des peuples qui ont le moins confiance en l'avenir (éternellement sombre), le moins confiance en leurs institutions, (qu'ils veulent voir se réformer), le moins confiance en leurs représentants (qu'ils estiment massivement corrompus), le moins confiance dans leurs propres concitoyens (dont ils estiment qu'il vaut mieux se méfier), le moins confiance dans la légitimité des lois (l'incivisme monte en flèche), le moins confiance dans la légitimité de la hiérarchie sociale (qu'ils estiment faussée par le copinage et le corporatisme) : on sombrerait à moins dans la déprime !

Les analystes de tout bord utilisent les grands mots, étatisme, conservatisme, syndicalisme, immigration, précarité, élitisme, obscurantisme fiscal, et autres archaïsmes, la vérité me semble plus simple. Notre défiance est dans nos gènes, on ne peut posséder le sens critique et ne pas le voir se retourner contre soi-même, on ne peut cultiver l'esprit de finesse sans son corollaire le doute, on ne peut avoir bâti une société protectrice sans s'alarmer à la moindre fissure sociale. On ne peut vouloir accueillir les flux migratoires sans alimenter une déculturation qui nous émeut. Notre sens de l'égalité, notre soif de justice, notre appétit de solidarité nous protège. Nous sommes bien mieux armés que nous le croyons. En fait, nous aimons nous plaindre, nous y prenons presque goût, peut-être sont-ce les traces de notre enfance et ce bonheur enfui des tendres consolations de nos mères à chacune de nos lamentations inutiles? Assez de peurs, assez de pleurs, place à l'espérance, la tempérance, la constance. Autant de rimes riches avec relance.

Reste la science. En circuit fermé sur ses terres expérimentales, impénétrable à l'air du temps, protégée des soubresauts du monde et des mouvements d'humeur, elle aurait pu sembler à l'abri du défaitisme ambiant. Loin de là, nous sommes le pays le plus inquiet face aux sujets scientifiques. Nous étions le plus optimiste au début du XXe siècle, la science nous euphorisait, on lisait, on relisait Jules Verne, on construisait le palais de la Découverte. Quelle mouche tsé-tsé nous a piqués pour endormir à ce point notre enthousiasme? « L'idéologie même de la science, professe Michel Serres, s'est transformée en idéologie de l'inquiétude. On oppose bio à chimie comme si bio voulait dire sans chimie. Or le bio, c'est de la chimie. » Nos chercheurs cherchent mais trouvent peu. Lorsque l'on se sent impuissant face au sida, inconscient face aux manipulations génétiques, complice face à la vivisection, engagé dans la création d'armes chimiques, bactériologiques ou nucléaires, comment ne pas se cramponner à ses dogmes ? Ici aussi sonne le tocsin de la sinistrose. Je ne l'entends pas.

Le monde a plus inventé ces quarante dernières décennies que depuis l'avènement de l'homme sur la Terre, il y a trois millions d'années. Dans cette explosion, la France a pris plus que sa part. L'imagination est en nous. Nous sommes de beaux inventeurs, faute d'être de bons vendeurs.

Et si le XXe siècle a sacré les machines et donc le règne des peuples mécaniciens, allemands, japonais, américains, le nôtre sera celui des ingénieurs. Le savoir sera toujours supérieur à la possession. L'espèce humaine sort à peine de son animalité et découvre son éventail de connaissances que notre société d'information diffuse non stop. Faisons-lui confiance. Les progrès viendront du soft et non du hard. Les Français y sont, avec les Américains, les meilleurs du globe. Il nous faudra bien remplir ces grandes orgues électroniques que nous multiplions sans retenue. La machine a pris de l'avance sur l'homme. Les années qui viennent auront à rétablir l'équilibre entre l'esprit et la matière. Un art où il nous est facile d'exceller. La dernière mine qui ne soit pas encore fermée, c'est notre mine d'idées. À nous de savoir l'exploiter.

Pour en finir avec cette liste noire, que dire de la dérive médiatique ! Nos médias prennent le pouls du public et l'accélèrent pour se donner tirage et importance. Loin de chercher à nous guérir de notre angoisse, ils l'amplifient à plaisir. Nous ne regardons pas la télévision, c'est elle qui nous regarde, nous sonde et nous sert dans son miroir l'exagération de nos stress et nos strass. L'audience monte, mais l'écoute baisse. Le citoyen allume son poste, mais est ailleurs. Il ne suit plus cette programmation populiste, comme il fuit la crétinisation publicitaire, hélas elle aussi de saison. Bonne nouvelle. Si nous voulons récupérer notre cher consommateur, il serait temps de lui servir plus de densité, chaque jour le voit plus pertinent, plus exigeant. J'aime ça, il nous faudra plus de talent, plus de pensée, plus de créativité. Aux armes citoyens !

Ultime déroute, le krach social : individualisme fatal, droit de grève devenu protection régressive, racisme à ciel ouvert, exclusion à guichets fermés, drogue à vau-l'eau, alcoolisme à gogo, délinquance en errance, analphabétisme en inflation. Nous sommes entrés, à notre corps défendant, dans ce siècle à reculons, refusant l'inéluctable mutation d'un monde qui ne sera plus jamais ce qu'il a été. Nous sentons notre grandeur enfuie. Assommés par une mondialisation qui nous submerge, arrimés à notre État-providence, adeptes de l'assistanat plus que de l'ouverture, nous avons fini par en perdre et moral et mental.

Déprime, je refuse ce mot. Il est temps de tourner la page d'une société paralysée. Nous ne sommes jamais aussi forts que lorsque, acculés, nous déclenchons notre instinct de survie. C'est la déprime… merci la déprime. Au pied du mur comme du millénaire, il nous faudra bien muter ou mourir. Et l'homme n'aime pas mourir.

À chacun ses béquilles, je suis primaire, c'est dans le mouvement que je puise mon énergie. Le présent fout le camp, je le quitte sans regret. J'entends déjà les persifleurs : le fils de pub sur le retour nous joue les futuristes. Je vous rassure, les pages qui vous attendent ne tiennent à énumérer ni les prophéties, ni les pédanteries. Ma vie durant, je n'ai jamais été qu'un simple détrousseur de rêves. Par chance, le futur en regorge.

Dans la jungle tropicale de Bornéo, la partie la moins explorée du monde, vit une tribu qui célèbre tous les soirs un culte fascinant : celui de l'avion-dieu. Il y a une vingtaine d'années, les hasards de la navigation firent passer une route aérienne au-dessus d'un village de l'île. Les indigènes virent de grands oiseaux de fer traverser le ciel à heures régulières.

Inquiets et curieux, ils réunirent tous les braves et les lancèrent dans la forêt à la recherche du mystère. Les hommes marchèrent des semaines dans la direction des avions. En arrivant à la mer, ils découvrirent, émerveillés, un aéroport. De retour au village, ils construisirent un simulacre de piste et dressèrent un mirador en forme de tour de contrôle. Et, depuis, tous les soirs, ils allument des feux le long de leur terrain en attendant l'avion qui ne se posera jamais.

Nous sommes à leur image. Nous avons besoin d'espoir.

Que sera le XXIe siècle ? À l'évidence un gigantesque inventaire à la Prévert où se trouveront pêle-mêle un robot, un ordinateur, un téléphone portable, une tablette numérique, une télévision interactive, une cité sous-marine, une voiture solaire, une fusée pour aller sur mars, 1,4 milliard de Chinois et un raton laveur. Qu'importe le qui ou le quoi, le passionnant est le pour quoi faire. Les futurologues projettent, supputent, doutent, mais ne concluent guère. C'est révélateur. Nous savons tout de nos ancêtres, et ne cherchons rien de nos descendants. La fouille de l'avenir est mille fois plus enrichissante que celle du passé, mais nous n'y consacrons ni le temps, ni les moyens.

Que serons-nous demain ? Telle est la question. Ce livre résume les orientations des études prospectives que la publicité mène à longueur d'année sur le devenir des marques et des consommateurs, croisées avec celles des études d'opinion que nos élus multiplient. Toutes mes assertions avancées sont issues de leurs sources. Comment résister, lorsque l'on est fils de pub, et fier de l'être, à mêler dans une approche du futur la sensibilité sociologique des consommateurs, et celle politique des électeurs que révèlent les sondages ? L'instant est propice. Notre société se meurt et ne survivra que si elle sait inventer une autre consommation, une autre politique, une autre économie.

Ne me croyez pas atteint de sondagite, je suis en la matière plutôt disciple de Woody Allen : « Méfiez-vous des prévisions surtout celles qui portent sur l'avenir. » Mais les études ont le mérite de vous forcer à réfléchir en les confrontant avec votre vécu.

Kate Silver a 35 ans, et toutes ses dents, mi-hollywoodiennes, mi-carnassières. Super statisticien du *New York Times*, il s'est rendu célèbre en annonçant plusieurs mois avant le scrutin la victoire d'Obama. La confirmation de sa prédiction en a fait le chaman des statistiques, mais il se défend de toute intrusion divinatoire dans son métier : « Ce n'est en aucun cas révolutionnaire, nous avons utilisé des données qui existent et nous les avons pondérées selon notre modèle. Ce n'est pas de l'astrophysique. » Silver part du principe que tout n'est pas prévisible en partant des données, il préfère raisonner en spectre plutôt qu'en

absolues. Les scientifiques jonglent en
et scepticisme, il en fait de même pour la su
Pape du Big Data, il nie son pouvoir absolu. Po
la Data n'est qu'une boussole orientant sa navigati
dans l'océan des informations, mais son cap n'est juste que confrontée au réel.

Nous sommes 7 milliards d'humains, à quelques unités près, sur la Terre. Comme tout est allé vite ! Nous n'étions que 252 millions d'hommes sous Jésus-Christ. Nous serons 10 milliards en 2050. Et comme tout est allé mal : que de guerres, que de massacres, que d'endémies, que de crises ! Le monde n'en est pas guéri pour autant, notre pays, le premier, est en plein désarroi, mais le temps à venir peut nous conduire à la sagesse et un début de félicité si nous cessons de nous lamenter pour oser. Le plus beau progrès de l'espèce humaine est d'avoir enfanté une société de liberté. Nous voici invités à penser par nous-mêmes, loin des carcans religieux, philosophiques ou politiques qui ont mené nos premiers millénaires. Affranchis des filets de protection que nous offraient notre société traditionnelle et son encadrement, nous sommes enfin seuls à décider. Cette émancipation va nous relier aux autres.

Tourneboulés par la crise, abasourdis par le scandale Cahuzac, matraqués par nos médias nous abonnant aux malheurs des autres jusqu'à nous faire oublier notre bonheur, désemparés par nos politiques n'ayant que les mots faillite, moralisation ou délation à la bouche, abasourdis par cette République de la rumeur qui nous cerne, comment ne serions-nous pas démoralisés ? Et si ce jeune siècle d'un nouveau millénaire pouvait tourner la page de nos doutes.

Boulot, dodo, schizo : dans les cénacles parisiens comme dans les dîners en ville, dans les séminaires professionnels comme dans les réunions politiques, je n'entends que l'éternel son de tocsin : la France va mal. Le cynisme, ce pousse-à-la-déprime, fait aussi partie de nos gènes. Je ne puis m'empêcher de songer à cette blague que me conta un jour Coluche : « C'est un mec qui se noie dans une rivière et qui crie : "help ! help !" Passe un autre mec qui le regarde et lui lance : "Imbécile ! au lieu d'apprendre l'anglais, tu aurais mieux fait d'apprendre à nager !". »

Au début du siècle dernier, nous riions 15 minutes par jour en moyenne, le score est tombé à 5. Imaginez un pays qui ne saurait plus rire. Il lui resterait à mourir d'ennui. Notre erreur persistante est de s'en remettre à nos politiques, en déchargeant notre conscience. Ils se succèdent et rien ne change sinon leurs fausses promesses. Mais peuvent-ils se faire élire autrement ? Toute présidentielle est une course aux mensonges qui se fait course à l'âne. L'élu, aussitôt prisonnier de ses déclarations qui se font déceptions, est entraîné, quoi qu'il fasse, dans une spirale de défiance. François Hollande a fêté son An 1 à l'Élysée, accusant une chute de popularité de 35 points. Un record tristement historique. Le chemin de roses du candidat se fait chemin de croix du Président. Que faire ? Les maîtres du jeu sont Bruxelles et la Bourse. Laissons nos élus gouverner, en nous gardant de les critiquer de tout bord, le redressement est notre affaire avant la leur. Une affaire de (bonne) volonté nationale et de (bonne) humeur sociétale. Face à cet embrasement de sinistrose, l'un des plus violents que nous ayons connu, le premier contre-feu est de refuser la grogne généralisée. Cultivons l'optimisme, cette valeur-or du désir. Le futur est à ceux qui auront l'envie d'avoir envie. Et d'abord l'envie d'être heureux.

Le bonheur est dans le pré, il suffit d'aller l'y cueillir. Hélas, nous ne raisonnons qu'en terme de PIB, le roi du Bhoutan a, lui, inscrit dans sa constitution, le concept de Bonheur National Brut, une définition du niveau de vie en termes plus psychologiques et holistiques que le Produit National Brut. Dans ce petit pays himalayen, le BNP est évalué tous les ans, et donne lieu à une consultation nationale. Et le miracle se fait. Les Bhoutanais sont heureux. Et nous, et nous, et nous ?

Propos

La France est notre chance

Chaque pays a son sport. L'Angleterre le rugby, l'Amérique le base-ball, l'Inde le cricket, la France s'enorgueillit de pratiquer le défaitisme. Le défaitisme allant au défaitisme aussi vite que l'argent va à l'argent, cet atavisme nous ronge. Nous pensons, à tort, notre pays frappé par une lente agonie, que d'aucuns jugent irréversible, oubliant que nos grands-parents ont connu deux guerres mondiales et cinquante crises économiques dont ils sont sortis vainqueurs. Les *nineties* nous ont connus moroses, les 2000 grincheux, les 2010 déprimés, saurons-nous enfin inverser la courbe de notre pessimisme?

La France a mal à la France, mal chronique, mal cyclique, mal fataliste mais mal irréaliste, voire schizophrénique. 82 % des Français se déclarent, contre toute attente, heureux, mais comble du paradoxe, ils sont 72 % à penser que leur voisin est malheureux. Le baromètre du moral d'avril 2013 confirme la tendance : 57 % des sondés restent optimistes pour eux-mêmes malgré le tsunami Cahuzac ; 29 % seulement le sont pour la France. Nous avons le bonheur égoïste et le jugement pessimiste. Le monde nous envie et nous refusons de le reconnaître. Nous sommes les sourds, aveugles et muets de notre richesse.

Je refuse cette malvoyance volontaire, la vie m'a offert le plus beau cadeau : le monde. J'en ai fait le 1er tour en 2 CV à 20 ans. Deux années d'échappée belle qui furent ma meilleure université. J'ai pu à chaque kilomètre, chaque rencontre, chaque pays, compter nos avantages et comprendre que nous n'avions pas le droit de nous plaindre. Les Brésiliens disent de nous : « Dieu a créé le monde en 6 jours et vous a réservé le 7e pour parfaire son œuvre. Remerciez-le. »

Je le remercie tous les jours. Je ne rentre jamais d'un voyage de pub aux quatre coins du globe sans faire un détour par les quais de la Seine, de la Concorde aux Tuileries, des Tuileries à Notre-Dame, de Notre-Dame à la tour Eiffel, un bonheur toujours renouvelé.

La France est notre chance comme l'écrit Denis Gancel[1], en égrenant avec ferveur les raisons d'être français et positif. Cessons de nous apitoyer sur

1. *Le Petit Livre vert*, Les éditions W.

nos faiblesses, recensons nos forces, elles sont légion. Notre première arme est notre natalité, nous enfantons 820 000 bébés l'an, la moitié des naissances de nos 27 voisins européens réunis. À ce rythme, nous dépasserons en 2030 la population de l'Allemagne, lui ravissant le titre de pays le plus peuplé d'Europe. Cette « conquête pacifique de l'hégémonie » selon Jacques Marseille, l'un des plus acharnés défenseurs de nos « raisons d'espérer », relancera notre industrie du bâtiment, sécurisera nos retraites, rajeunira nos créateurs de valeurs. L'avenir nous attend et nous lui tournons le dos en jouant les arrêts sur image. Le siècle dernier nous a vus inventer la photo, le cinéma, la télévision en couleur, la machine à vapeur, l'automobile, l'avion, le Concorde, le TGV, le Crazy Horse et la carte à puce, qu'attendons-nous pour apporter notre pierre à l'édifice du XXIe siècle ? 2e de la classe en mathématiques, 4e pour les prix Nobel de médecine, 5e pour ceux de physique, nous sommes le 6e pays du globe pour le dépôt de brevets internationaux laissant le plus souvent à nos concurrents le soin (et les profits) de les développer. J'enrage ! Quelle soudaine perte de confiance en notre inventivité, au point de ne plus la mettre en œuvre nous-mêmes. Les idées appartiennent à ceux qui les réalisent. Entreprenons ! Entreprenons sans cesse !

Nos usines sont à la peine, l'industrie ne représente que 11 % de notre économie pour 21 % en Allemagne et 15 % en Italie, mais en vingt ans, notre outil industriel, même s'il s'est hélas délocalisé, a fait peau neuve. Nous assistons, impuissants, à la descente aux enfers de notre secteur automobile mais nos activités de services, d'aéronautique, de chimie, de mécanique, de construction navale sont en hausse, et l'industrie verte (éolienne, solaire, traitement des déchets, véhicules électriques) suscite la surprise en créant 25 000 emplois. Développons nos productions high-tech et haut de gamme. L'Italie l'a fait pour ses textiles, l'Allemagne pour ses voitures, suivons leur exemple !

Notre administration, que nous ne savons que dénigrer, est l'une des plus efficaces du monde, nos mathématiciens parmi les plus recherchés, notre main-d'œuvre l'une des plus expertes. L'esprit de renouveau est là, souterrain mais vivant. Starck redessine le globe, Nouvel est sacré l'un des plus grands architectes du moment, Bolloré invente l'Autolib', Bouygues et Vinci construisent le monde de toute part. Louis Vuitton, Gucci, Chanel, Hermès, Dior, à eux seuls, représentent plus de 50 % du luxe rayonnant sur la planète. Quelle épopée industrielle en un demi-siècle.

LV a été mon premier budget, dans les années 1960. Il se résumait à une opération d'image par an, mais elle me prenait l'année en tergiversations des quatre héritiers de la marque, tous en fonction dans leur unique magasin de l'avenue Marceau. Les Japonais n'étaient pas encore atteints par la Vuittonmania, mais les plus beaux sacs et bagages du monde étaient déjà en vitrine. J'ai eu le privilège d'être, 45 ans durant, le publicitaire attitré de cette marque mythique. Je l'ai vue nouveautés après nouveautés, année après année, pays après pays, campagne après campagne, devenir la reine mondiale du luxe. Elle couvre désormais la planète de ses 500 temples du voyage et de la mode. Comment désespérer de notre savoir-faire national après un tel succès ?

Notre CAC 40 a renouvelé ses patrons et affiche, en pleine décrue économique, une santé radieuse. Airbus coiffe Boeing, et signe le contrat du siècle avec Lion Air, la compagnie low cost indonésienne ; Suez a épousé GDF ; Areva conquiert l'Inde après la Chine ; Sodexo, L'Oréal, Accor, Bouygues font la course en tête. Vivendi cumule la première place pour la musique et les jeux vidéos. Notre capitalisme est en grande partie familial, gage de pérennité, privilégiant le long terme à l'anxiété du court terme. Nos banques ont, tant bien que mal, résisté au choc mortel des subprimes. Dans le top 100 des plus grandes entreprises classées par *Fortune*, 11 sont françaises. Et, dans mon petit domaine, la pub, Havas et Publicis restent les seuls compétiteurs des Anglo-Saxons. Aucun autre pays n'a de groupe de communication mondial. Et si les Trente Glorieuses étaient devant nous ?

Notre gastronomie est classée au patrimoine mondial de l'Unesco. Conséquence logique, notre « Douce France », Paris en tête, reste la destination la plus visitée (88 millions l'an). Une étude US a classé la tour Eiffel premier monument du monde dont la valeur d'image est estimée, tenez-vous bien, à 430 milliards de dollars : un trésor national ! Pour célébrer la présidence française de l'UE, Nicolas Sarkozy me demanda une idée. Je lui proposai d'illuminer la Tour en bleu, couleur de l'Europe. L'image fut reprise par toutes les télévisions du monde. Elle restera ma campagne la plus simple. Et la plus diffusée.

Notre hôtellerie ne connaît pas la crise. Pour l'année 2012, le taux d'occupation des hôtels de la capitale a atteint 80 % et pour les fêtes de fin d'année le record de 96,5 %. Les Américains ont retrouvé le chemin du Paris by Night, ils recommencent à nous apporter leurs dollars et les Chinois, les touristes les plus dépensiers du monde, leurs yuans. Et si le pire était derrière nous ?

Le magazine international *Living*, l'arbitre de la vie belle, a passé au crible les 100 destinations les plus courues : la France triomphe en tête. Cette nation de râleurs, de chicaneurs, de rouspéteurs est, pour le monde, la terre du bonheur de vivre. Étrange pays, préféré par tous les autres pays sauf un, le nôtre. Et nous le dénigrons. Est-ce notre tare congénitale, la jalousie, qui nous fait voir l'herbe plus verte ailleurs, enviant la réussite des autres plutôt que nous réjouir de la nôtre, fût-elle ce qu'elle est ? Quelle méprise, ce n'est pas en nous mésestimant que nous vaincrons les vicissitudes du temps. Mais en étant fiers d'être français.

Bleu, Blanc, Rouge dans son âme, la France est verte dans son cœur. Elle s'enorgueillit, sans le clamer suffisamment, d'être la première en maîtrise de CO_2. Nos concitoyens ne votent pas Eva Joly mais restent les meilleurs protecteurs de notre planète, et les 4e mondiaux de ce business de demain. En énergie, c'est la médaille d'or, EDF et GDF Suez sont les premiers producteurs d'électricité au monde, qu'ils nous offrent moins cher qu'au-delà de nos frontières. Pour l'heure, et si la politique ne s'en mêle pas trop, nous disposons d'un taux d'indépendance énergétique de loin supérieur à celui de nos voisins. Quel atout !

Notre agriculture et son corollaire, notre industrie alimentaire, sont toutes deux les premières mondiales. Les Parisiens oublient que leur bassin est l'un des plus grands greniers à blé de la planète. Des racines paysannes qui ne sont pas étrangères à notre culte du bas de laine, nous sacrant nation la plus économe. Notre ratio d'épargne est l'un des plus hauts devant les États-Unis et l'Allemagne, presque deux fois moins. Nous hurlons au déclin, le seul déclin est celui de notre enthousiasme. Sam Goldwyn, le fondateur de la Metro-Goldwyn-Mayer, avait coutume de dire: « Après la pluie vient le mauvais temps. » Sa major a fini par faire faillite.

Les ouvriers chinois sont cinq fois moins bien payés que les Français, mais ils sont cinq fois moins performants. Et leurs salaires ne cessent d'augmenter. Notre productivité horaire est parmi les plus élevées. Nos grandes écoles forment, même si elles doivent s'améliorer, les grands managers de la planète et pour commencer les nôtres. Rien d'étonnant à ce que nous soyons un des leaders de l'attractivité. 20 000 entreprises étrangères sont installées sur notre sol, elles totalisent 20 % de nos emplois. N'en déplaise aux colporteurs de mauvaises nouvelles, nous sommes une terre promise. Nous restons la première destination d'Europe en matière d'implantations industrielles, titre que nous envient le plus nos voisins. L'année dernière, année de crise s'il en fut, nous avons accueilli 693 projets étrangers, créateurs de 25 908 emplois. Autre idée reçue: le coût de la vie de notre capitale pour un expatrié est l'un des moins chers du monde. Selon le baromètre d'ECA International, Paris est 42e, derrière Tokyo la plus coûteuse, Genève, Shanghai, Moscou, Hong Kong ou Vancouver.

Cœur de l'Europe et porte ouverte sur l'Euro-Méditerranée, pourquoi n'en serions-nous pas son poumon, seul lien terrestre avec l'Angleterre (merci le tunnel) et l'Espagne ? Nous offrons le site idéal d'implantation comme de livraison des marchandises, ce secteur d'avenir, e-commerce oblige (10 % du PIB européen d'ores et déjà).

Autre raison d'espérer : le continent noir, voisin si proche et si lointain. Les matières premières s'épuisent, comment l'Afrique, ses réserves encore inexploitées et son milliard d'habitants (2 milliards en 2050), ne prendrait-elle pas une place centrale dans la mondialisation de l'économie ? Et comment la France, si présente, si enracinée dans ce continent, n'y aurait pas ses intérêts ? Américains, Chinois, Indiens et Saoudiens se disputent chaque arpent du nouvel eldorado. Mais ce continent en son Nord et en son centre, nous le connaissons, le pratiquons, l'aidons mieux que personne et parfois, comme au Mali, le libérons, sans en faire la première destination de nos investissements. Quand vaincrons-nous notre atavisme casanier ?

Mon grand-père avait réussi ses deux bacs avec mention très bien. Je mis, pour ma part, quatre ans à les décrocher, et lui vouais une admiration sans borne. Rigoureux jusqu'au ridicule, exigeant jusqu'à l'emmerdant mais homme de qualité autant que de principes, économe de tout sauf de sa personne, il se tuait à la tâche. Il économisa, sou après sou, pour s'acheter son titre de noblesse, une « propriété », signe extérieur de richesse de la bourgeoisie montpelliéraine. Dans sa volonté de supprimer toutes dépenses inutiles, il choisit son domaine agricole à la porte de la ville afin de s'y rendre en marchant, évitant tout frais d'essence. Sa vie se déroula ainsi à pied, de son bureau à son appartement et à ses vignes, sans qu'il n'éprouve jamais le besoin d'abandonner sa ville pour la moindre découverte hors de nos frontières. Je le raillais intérieurement, et je soupçonne ma frénésie, jamais assouvie de voyages, de m'être venue en réaction.

Vingt ans plus tard, le prix et l'entretien de ses hectares de mauvais vignoble l'avaient ruiné sans jamais lui donner une bouteille de vin buvable. L'histoire aurait dû s'arrêter là et servir d'exemple, mais il fut sauvé par la spéculation, ses quelques arpents de terre devinrent 100 000 mètres carrés de terrain à bâtir. Sa sédentarité le rendit millionnaire. Hélas, l'exemple ne confirme pas la règle.

Les peuples sont migrateurs, nous des casaniers, refusant de quitter notre nid national. Quelle lacune ! Aller voir ailleurs, c'est oser bousculer sa vie. Notre économie se meurt de notre immobilisme viscéral. Mais voici qu'enfin nos jeunes découvrent le monde et partent en faire le tour. Cette génération de nomades va repousser les frontières de notre business.

Que de chances nous attendent, mais la plus grande reste de vieillir jeune et de le rester plus longtemps que nos voisins. Nous sommes le peuple le mieux soigné du monde : merci la Sécu, le plus beau cadeau de notre République, avec cet héritage créatif de Rabelais et de Rimbaud, de Voltaire et de Gainsbourg, de Curie et de Gustave Eiffel, de Louis XIV et de de Gaulle, si frondeurs mais si fonceurs, si chicaneurs mais si créateurs, si traditionalistes mais si avant-gardistes. Bref, *so French !*

Et si nous décidions cette France, notre France, de la vivre avec le goût du beau et du bon, cette soif de culture et d'aventure, cette faim de penser et de dépenser qui font de nous le seul pays de la planète où chaque Terrien nourrit l'envie de se rendre au moins une fois dans son existence. Cessons ce masochisme, ferment de notre morosité nationale.

Une morosité qui ne trouve pas ses racines là où l'on croit. La dernière cuvée de l'Insee nous révèle que l'aisance financière n'est pas notre premier souci, les liens sociaux et le stress de la vie quotidienne occupent la tête du classement, suivis des habituels structurants de notre quotidien : la santé, le logement, l'insécurité. Exit l'environnement qui après avoir occupé les premiers rangs de nos attentes n'a désormais que peu d'influence sur notre bonheur de vivre.

Notre langue n'échappe pas à notre autoflagellation. Bien que loin de la couverture anglophone, le français est la deuxième de la planète en termes de diffusion. Lorsqu'en 1880 Onésime Reclus, géographe de par son état, visionnaire de par son esprit, inventa le mot « francophonie », il ne se doutait pas que sa trouvaille ferait le tour du globe (75 pays ou États, 180 millions d'adeptes aujourd'hui, 440 en 2025, 700 en 2050). Vous avez bien lu : dans moins de quatre décennies, 700 millions de Terriens parleront notre langue, les scénarios les plus optimistes tablent même sur 1 milliard de francophones en 2060, dont 85 % seront africains.

Combien de nos compatriotes savent-ils qu'au Costa Rica, l'enseignement du français est obligatoire à côté de l'anglais, et qu'il y a quelques dizaines d'années à peine, nous étions la première langue étrangère du Brésil ?

Le français n'est pas mort, même si nous nous acharnons à ne pas le défendre et moins encore à l'imposer. Langue diplomatique d'hier, olympique de toujours, elle mériterait plus de passion de notre part et plus de subventions de l'État. Un combat for me, for me, formidable, very very véritable !

Mais à ce jeu, encore, nous préférons la démission à la conquête, la majorité des nôtres ne conçoit pas sa culture, et donc son véhicule, notre langue comme un avantage concurrentiel dans la mondialisation. Pire, il la trouve pénalisante pour l'image de nos entreprises.

D'où la volonté de créer une marque « France », les Français y sont favorables à 80 % et veulent en être les premiers promoteurs. Quel beau combat commun cela ferait ! Imaginez 65 millions de « fils de pub », hommes-sandwichs de leur propre pays, se faisant les prosélytes de leurs raisons d'espérer plutôt que les haut-parleurs de leur désespérance.

Je suis français et j'aime ça. J'ai longtemps cherché la raison de cet amour que nous refusons d'avouer mais qui nous unit, nous, les fils de Gaulois. J'ai fini par arrêter une réponse. Mais à chacun la sienne. Au premier temps de ma jeunesse, j'ai pensé être amoureux de la France simplement parce qu'elle était belle : n'est-ce pas la première raison de toute passion ? Puis j'eus la chance, dès mes 20 ans, d'apprendre que le Ténéré était plus saisissant que l'Auvergne, la baie de Rio plus étincelante que celle de Saint-Trop', et Manhattan plus futuriste que la Défense. Revenu à la case départ, ma deuxième exploration fut plus littéraire. Elle se porta sur notre douceur de vivre. Du Bellay me l'avait soufflée, Lamartine et Daudet répétée, Péguy martelée. C'était l'époque où Pompidou pompidolait, où l'argent s'argentait, où le rire rigolait. Je crus avoir trouvé : hélas, nous sommes vite, des pays nantis, devenus le champion du chômage. L'Allemagne se mit à nous narguer, l'Amérique à nous coloniser, la Chine à nous laminer. Et nous et nous et nous, pensai-je !

J'aborde aujourd'hui une troisième métamorphose. J'aime la France pour ce qu'elle fait de mieux. Ses parfums et ses Airbus A380, ses fromages et ses Ariane, ses vins et ses TGV, ses bijoux et ses champs de blé, ses bistrots et ses musées, son CAC 40 et sa pub. Ne me jugez pas plus naïf que je ne suis. Mon métier est l'un des plus sur baromètre de l'économie, rien de ses déficiences ne m'échappe. Je ne nie rien de l'*annus horribilis* qui nous attend et ne suis pas dupe des engagements de nos politiques, pas plus que de leurs mensonges d'État. Je les ai trop fréquentés de tout bord pour croire en leurs certitudes. Hélas, ils ne sont pas les décisionnaires de leurs décisions. Ils proposent et l'économie dispose, au gré de ses vents contraires. Qu'importe, à chacun de décider son verre à moitié vide ou à moitié plein. Pour ma part, j'ai horreur du vide, c'est ma nature. Il ne suffit pas, le nez à la fenêtre des intempéries de notre commerce et de notre industrie, d'attendre le retour du soleil de la reprise. Mieux vaut agir, exiger pour nos entreprises l'oxygène financier sans lequel elles s'étouffent, la flexibilité de l'emploi sans laquelle elle ne se développe plus, les ressources de l'innovation sans lesquelles elles n'exportent plus. Autant de réformes qui ne pourront se faire sans une volonté collective. La sortie de crise tient en deux mots : confiance et économie. L'économie nous échappe, mais la confiance est de notre ressort.

Le dernier scrutin italien est une claque. La victoire de Beppe Grillo, Coluche plus populiste qu'artiste, sonne le glas des faux dires, des faux pas, des faux nez de la politique. Un peuple incapable de choisir son destin autrement que par le déni et la clownerie est en rupture de ban démocratique. Méfions-nous de ne pas en arriver à ce ridicule suicidaire, nous en prenons le chemin.

Les temps de crise sont temps de changements. Aux esprits chagrins, Nietzsche professait : « Il faut avoir une musique en soi pour faire danser le monde. » À chacun de nous, à son échelle, à sa manière, de faire danser le monde. Affaire de positivisme participatif libérant énergies, idées, envies pour mieux imaginer, créer, entreprendre ensemble. Quittons ce « moi-je », spécialité française surannée, pour le « moi-nous ». Dans ce siècle en implosion, on est intelligent, créatif, entrepreneur à plusieurs. Arrêtons de croire notre pays fini, en maugréant qu'au-delà de cette limite notre ticket n'est plus valable. Il sera ce que nous en ferons.

La France a mille et une raisons d'espérer, commençons par croire en elle, et en nous. Savourons notre bonheur d'être, libres de penser, de s'exprimer, de créer, d'être, de vivre. Et curieusement atteints d'une crise de foi chronique qui nous paralyse.

Prévert, notre grand prêtre des mots, ne prêchait-il pas :

« Il y a ceux qui croient
Ceux qui croient croire
Ceux qui croa croa »
N'abandonnons pas notre destin aux corbeaux qui nous cernent.

Nos élites se délitent

Les chantres de la crise nous prédisent une décennie de repli, un noir désir fait d'ambitions rentrées. Je refuse de voir rimer France avec désespérance, de me laisser corrompre ni par l'humeur du temps, ni par l'état des lieux. Philippe Starck a coutume de dire : « Nous sommes dans un train qui a oublié d'où il est parti, qui ne sait pas où il va, et qui, logiquement, ne sait pas où il est. »

Arrêtons de penser que si la France a des problèmes, c'est le monde qu'il faut changer. Nous sommes les premiers à devoir nous remettre en question et d'abord ceux qui sont aux commandes du TGV France : nos élites.

Notre pays est ainsi, à intervalles il doute, se referme un temps, maugrée, puis change. Non de tempérament, mais d'esprit.

De la noblesse de l'Ancien Régime à la puissance patrimoniale, puis bourgeoise et enfin industrielle du XXe siècle, le pouvoir, chez nous, a toujours été le fait des idéologies. Ces dernières décennies, il ne s'est plus appuyé que sur la puissance rationnelle. Erreur fatale : s'en remettre aux faits, c'est prendre le risque d'être aussitôt trahi par eux. Il fallait faire rêver Billancourt, plutôt que de le désespérer. Domineront demain les êtres capables de nous offrir un espoir alternatif. Ils ne nous parleront pas d'évolution, mais d'autre monde, de civilisation nouvelle, de vie différente. Ils sauront nous proposer un scénario crédible à long terme, face aux simagrées de réforme dont nous abreuvent sans s'y tenir nos gouvernements successifs. Leurs projets nous emporteront vers un système bio-sociétal calqué sur le vivant, intégrant variétés à l'infini et infimes variétés. L'épine dorsale s'articulera autour des valeurs nouvelles : équilibre, qualité, intégration, émotion, continuité, proximité. L'impératif moral sera de règle, l'interactivité de nécessité. Nous entrerons dans un monde tout dialogue. Écouter et parler sera de circonstance, face aux clans socioculturels qui segmenteront le pays, comme face à ses collaborateurs qui attendront une autre hiérarchie, un autre intéressement, un autre management. La société de personne s'invente. Fin du discours du chef, place à la concertation. Avec une corrélation : l'obligation de quitter les rives froides et impersonnelles de la communication rationnelle pour celles accueillantes et enivrantes de la communication émotionnelle. Place à la liberté créatrice. Une liberté qui désormais est le droit et le pouvoir de tous.

Critiquer les gens en place est une constante bien de chez nous, j'en use et j'en abuse, mais la longue plainte qui monte, envenimée par les morsures de la crise économique et désormais morale que plus rien n'apaise, n'est plus une simple récrimination conjoncturelle. On ne peut indûment mettre en examen curés, maires, P.-D.G., financiers, députés, ministres, et pour finir présidents à la une des journaux et espérer en la confiance renouvelée de son peuple. Pour la première fois en deux siècles, une fronde déterminée se forge. Souterraine et silencieuse, mais pour un temps compté. Elle met en cause le pouvoir. Erreur d'aiguillage, l'affaire n'est plus politique, elle est civique. Nous changeons de film, il faut redistribuer les rôles. Le nouveau casting ne sera plus le fait de la fortune, de l'hérédité ou de l'énarchie polytechnicienne de l'âge ou du sexe, mais celui de l'aptitude à la psychologie collective. On recherche leader-catalyseur-du-changement, idées toutes faites s'abstenir.

Nous voici, sans être sortis de la cuisse de l'ENA ou de Polytechnique, aptes à saisir notre destin. Le pedigree universitaire n'est plus ce qu'il était. Le bilinguisme, l'esprit net, le goût du nomadisme, l'imagination créatrice, le courage, la volonté d'entreprendre seront demain les premiers diplômes exigés. À la lecture de ce *curriculum futuræ*, nous pourrions douter d'être un jour parmi les élus. Ne soyons pas modestes. La nature a horreur du vide. Il y aura de la place pour tous.

Mes études secondaires furent une longue épreuve que je fis en cancre patenté. Au point de désespérer mon père radiologue et notable de ma ville d'adolescence, Perpignan. Inquiet sur l'avenir de son unique rejeton, il chargea, au quatrième échec de mon bac, son épouse de me faire expertiser à Paris.

Ma mère était douce comme une caresse de soleil catalan, elle me prit à part pour m'annoncer avec ménagement notre voyage. Nous allions rencontrer un grand psychologue d'État qui saurait me sonder et m'orienter dans mon choix de carrière. Je ne connaissais pas notre capitale, je la découvris seul au bras de Simone. Je frétillais de bonheur.

Le ponte était aussi défraîchi que son décor, cheveux gras sur un corps maigre, regard de fouine, élocution de chèvre : les sciences cognitives françaises se présentaient sous leur pire aspect. Ce n'était donc que ça Paris ? Je pris à tout jamais la rive gauche en grippe. La séance débuta par un test de Rorschach. J'adorais ces grands papillons noirs qui me poussaient à tous les délires. Hélas, ce n'étaient que les figures libres, elles furent de courte durée. Nous passâmes alors aux figures imposées : le QI.

D'entrée de jeu, je pris l'exercice en horreur. Juger l'intelligence à coups de questions bêtes me terrorisa. Au point d'en être mal à l'aise. Le résultat fut à l'avenant. Ayant achevé ses comptes, le docteur Psy s'adressa, devant moi, à ma mère :

— Votre fils a de la curiosité mais aucune qualité intellectuelle. L'engager plus avant dans des études irait à contre-courant de ses possibilités. Mais il semble agile et persévérant, dirigez-le vers un métier manuel.

— Merci du conseil, lui répondit Simone.

À peine étions-nous sur le palier de l'infâme docteur Guillotin qu'elle me souffla à l'oreille :

— Le cancre c'est lui, pas toi, je t'emmène au théâtre.

Qu'attend-on de nos futurs leaders ? Qu'ils tracent une voie nouvelle, frôlent l'utopie, se gardent des stéréotypes éculés, style « société juste et prospère » ou « entreprise forte et concurrentielle », et réinventent les mots, les idées, les objectifs. Qu'ils soient non plus ces têtes bien faites d'hier, mais des têtes chercheuses, poètes et visionnaires. Fous, non plus du roi, mais du peuple.

Le déclin moral est tel que seul sera perçu l'engagement dans une interaction totale. La parole d'Évangile politique sera le donnant-donnant : de l'État j'attends cela, qu'attend-il de moi ? Même motif pour les affaires, ce n'est plus je, mais nous. Pas ce nous de façade qu'utilisaient déjà nos patrons pour faire démocratique, mais un nous d'écoute, de concertation, de partenariat.

Rien ne se fera plus seul. L'échange dialectique permanent sera le moteur du mouvement. Le paternalisme mourra, remplacé par la citoyenneté. L'entreprise républicaine s'annonce enfin : celle de la liberté du dialogue, de l'égalité des échanges, de la fraternité des décisions. Au rancart le patron de droit divin, vive le patron élu. Il ne suffira plus d'être nommé par son conseil d'administration, encore faudra-t-il être admis par l'ensemble de ses collaborateurs. Affaire de sentiments partagés.

Parler avec son cœur touche le cœur. Preuve par neuf, le patron communicant n'utilise pas, à l'instar du dirigeant rationnel, le PowerPoint, cet émasculateur de toute envolée. Au point de rendre tout exposé, si cadré, si léché, si didactique que l'ennui vous saisit à la gorge dès la deuxième minute. Il parle sans notes et sans prompteur, laisse ses impulsions attiser les nôtres, préfère l'improvisation à l'hyper préparation. Il joue sur une autre corde, celle de son moi profond. Sa communication débridée le libère et dans le même temps libère les volontés et les projets de son entreprise. Elle est son adrénaline, son eau de jouvence, un groupe n'a pas l'âge de sa naissance mais celui de ses passions. L'émotion est l'amplificateur de la communication verbale, elle a toujours mené le talent oratoire des grands communicateurs, de Bonaparte à de Gaulle, comme des grands industriels d'André Citroën à Steve Jobs, ou des grands créateurs, de Michel Ange à Spielberg.

Au simple charisme médiatique s'ajoute la nécessité d'un charisme fédérateur. Hier les patrons se regardaient le nombril et se prenaient pour le nombril de leur entreprise, ils devront apprendre à ne plus regarder que celui des autres. On ne leur demandera pas seulement de changer le cours de la Bourse, mais aussi de changer le cours des choses. Un job autrement plus complexe. Le management deviendra non positionnel, encourageant autonomie et initiative de toutes les équipes. Les structures s'estomperont pour mieux focaliser les efforts de chacun sur des tâches spécifiques. À l'environnement de travail de forger l'esprit d'équipe. Le métissage des langues et des cultures sera notre antidote à la mondialisation destructive. Apple, qui a révolutionné l'informatique, fonctionne sur ce modèle.

Cette nouvelle race managériale prend peu à peu les rennes de la France. Il suffit d'espérer en elle pour espérer en notre redressement. La faune des affaires se divise en deux races distinctes. Les éléphants du capitalisme à l'ancienne forts de la puissance de leurs raisons, peinant à communiquer, claquemurés dans leurs convictions, leur expérience, leur savoir, mais refusant d'ouvrir la porte à leurs sentiments. Les voici hors jeu. Entre dans la danse le « nouveau boss ».

Nous allons vers une autre mythification du patron. Non plus star, mais héros de la mutation. Tel le fondateur de Microsoft, cet adolescent attardé devenu presque malgré lui l'homme le plus riche du monde. Les *tycoons* d'antan étaient folkloriques, outrecuidants ou gâteux. Buffalo Bill Gates est un milliardaire en jeans, bien dans ses Nike et dans son Gap, plus copain que patron, plus aimé que jalousé, plus respecté que craint. Mais surtout Jesus Gates a donné la plus belle leçon de solidarité : 80 % de sa fortune pour lutter contre la misère du monde.

Ultime évolution, les élites ayant toujours *trusté* le monopole de la parole, il leur faudra savoir la rendre. La mode chez nos politiques est toujours à l'occupation du terrain, de peur de le laisser à leurs concurrents. Une pulsion médiatique suicidaire. Au fonctionnement de l'autorité décrétée, se substituera l'autorité justifiée. Facile ! Il suffit d'associer son auditoire avant toute déclaration. Nos patrons stars n'ont pas tous compris ce basculement de mœurs.

Au partage de leurs décisions, sésame ouvre-toi des esprits, des volontés et des audaces, ils privilégient la mise en scène de leurs actions. Faute d'être à l'écoute, ils ne sont plus écoutés. Seuls orienter, échanger, présenter sont les verbes capables de reconquérir leur crédibilité perdue. Décider, affirmer, imposer, manipuler sont interdits de séjour. Obligation aussi de définir les règles du jeu et d'en être, non plus l'arbitre, mais le premier attaquant. Au chef de faire, non de faire faire, d'exprimer l'ambition des autres et non la sienne, de lever l'adhésion collective et non de semer la terreur. Mieux qu'interactif, il lui faudra se montrer « contractif ».

Mes maîtres, que je ne remercierai jamais assez, acceptèrent, au nom de l'image de marque de la faculté, que j'accomplisse, diplôme de pharmacie en poche, mes deux années de doctorat à la découverte des marchés des plantes médicinales. Je partis aussitôt pour le tour du globe et le tour de moi-même. J'en revins à 25 ans, docteur et reporter. Mon premier livre, *La Terre en rond*, m'ouvrit les bras du journalisme. Je me défroquais à tout jamais des ordres du caducée pour revêtir l'habit de lumière du communicant. Je me mis enfin, avec sept ans de retard, à m'initier à mon métier. J'eus la bonne fortune de l'apprendre de la bouche même de Roger Thérond, l'âme de *Paris Match*, puis de Pierre Lazareff, le cœur de *France-Soir* qui me nommera le plus jeune rédacteur en chef du groupe. C'est lui encore qui, deux ans plus tard, tracera mon destin.

« Ce n'est pas un organe de presse qui vous comblera, mais une agence de publicité. Je vous ai vu à l'œuvre, vous avez l'instinct de la formule, en journalisme ce n'est qu'un titre, en publicité toute une affiche. »

J'eus la meilleure idée de ma vie, celle de l'écouter et me retrouvai débutant d'un métier qui lui aussi débutait. Je pus lui apporter ce que mes deux précepteurs m'avaient offert. Je recommençai au bas de l'échelle, assistant chef de pub. J'avais abandonné titre, voiture de fonction, carte de presse ouvrant toutes les portes et salaire en conséquence, je me retrouvai voyageant en métro, sans assistante, sans note de frais, porte-maquette de mon supérieur direct. J'en bavais mais je me sentais dans mon élément, je dévorais la pub des yeux sans encore avoir le droit de le faire, mais je savais que le jour viendrait. Je m'y préparais, en amoureux transi.

J'eus la chance d'avoir comme premier patron de pub, Robert Delpire, artiste plus que marchand, étonnant découvreur de talents, doublé d'un œil d'exception. Il m'apprit, après le choc des photos de Roger et le poids des mots de Pierre, la force du graphisme. J'étais enfin publicitaire à 33 ans. La moyenne d'âge de l'accession à ce titre étant 23, je crus avoir perdu dix ans que je ne rattraperais jamais ! Mais on est toujours rattrapé par son destin. À la condition de ne pas le regarder passer.

Génération Mutant

Reste le plus difficile : former nos jeunes autrement. Antoine Riboud, le fondateur de Danone, fit ses adieux à la scène managériale, en rappelant : « Je ne crois pas au diplôme. Ne serait-ce parce que je n'en ai pas ? » Mais son fils, Franck, à qui il a confié les rênes de son entreprise, est passé par l'École polytechnique de Zurich. Beaucoup d'eau coulera sous les ponts avant que HEC, l'ENA, Polytechnique, Centrale, Normale et nos autres institutions changent leurs programmes. Au sommet, il faudra inventer les Grandes Écoles qui réinventeront l'école, et l'Université qui saura s'ouvrir à tous les talents en herbe plutôt que de se limiter à un formatage qui exclut toute tête qui dépasse.

Une gageure, puisque ce sont les élites elles-mêmes qui s'autoreproduisent dans leurs couveuses élitistes. Auréolées de leur savoir-faire, elles se parent d'un savoir-tout-faire. Elles se mirent dans leur supériorité jusqu'à en devenir sourdes aux évolutions qui les entourent. À ce rythme, elles ne sont plus que les garantes du passé, leur froide lucidité rime avec inhumanité et leur intelligence, hier fée universelle, n'est plus qu'une mécanique enrayée.

Aux élèves de changer et de ne pas en rester à leur seule remise de leur diplôme. De fuir la carrière, de multiplier les voyages, d'engranger en toute confiance les expériences. Pourquoi paniquer d'un futur professionnel dont nul ne connaît le destin à moyen terme. Le secrétaire américain à l'Éducation estimait en 2010 que les 10 emplois qui seraient les plus demandés en 2015 n'existaient pas à cette date. Mieux, qu'ils utiliseraient des technologies encore inconnues, mieux encore, que chaque étudiant exercerait avant ses 40 ans, 10 à 15 emplois différents.

Dès lors, le pedigree universitaire n'est plus ce qu'il était. Le bilinguisme, l'esprit net, le goût du nomadisme, l'imagination créatrice, le courage, la volonté d'entreprendre seront demain les premiers diplômes exigés.

Nos jeunes, pour une grande part, refusent de travailler pour une simple paie, ils exigent de leur employeur considération, convivialité, solidarité. Le slogan n'est plus « travailler plus pour gagner plus », mais « travailler mieux pour vivre mieux ». À la dernière ligne du bulletin de salaire, ils rajoutent émotion, affection, imagination, union, autant de valeurs à partager avec leurs pairs et leur boss. Lui-même ne réussira que s'il en fait sa pratique quotidienne. Les collaborateurs de l'entreprise ne sont plus des hommes de troupe que l'on manie à la badine. Le nerf du management, hier autorité sans partage, est désormais sens du collectif. Nous changeons de siècle, changeons de méthode.

À la froideur robotique de nos têtes d'œuf, opposons le langage du cœur. Il sera l'espéranto du XXIe siècle. L'humain relaiera l'humanisme. Exit ce paternalisme hypocrite d'une génération de dirigeants tour à tour Pères Noël et pères Fouettard, sans y mettre une once de sentiment. Que règnent l'authenticité, le naturel, l'engagement.

La fondation Total a pour slogan tout un programme : « À 20 ans, on ne pense qu'à l'avenir. » Pour s'en rassurer, elle a demandé au CSA, l'incontournable inventeur des flux socioculturels, de vérifier l'état d'esprit de la génération 2013. Triste constat, leur seul point de consensus est de reconnaître qu'il n'est pas facile d'être jeune aujourd'hui en France.

Et cependant, leur avenir est celui de la France, ils ont la mission de le penser, de le construire, de l'imposer. Les temps sont durs, raison de plus de s'endurcir. Les temps sont moroses, raison de plus d'afficher sa joie de vivre, les temps sont incertains, raison de plus d'être sûr de ses capacités.

Ils sont 4,8 millions, 83 % sont diplômés et 53 % continuent leur formation. La crise passera, dès lors ils prendront la relève de notre France « usée, vieillie, fatiguée ». Il est temps de s'y préparer en prenant confiance en eux. Une confiance que nous, leurs parents, ne savons pas leur donner.

Nous trouvons nos enfants plus instables, inquiets, égoïstes, paresseux, que nous l'avons été. Quel péché d'orgueil, quel manque d'amour, quel manque d'espérance. Et quelle maladresse. L'étude nous révèle que les jeunes, eux-mêmes, à force de critiques, finissent par se reconnaître dans les remontrances parentales.

La réalité est tout autre, nos enfants ont simplement les qualités que nous n'avons pas. Et pour cause, elles n'étaient pas de notre époque : la maîtrise des nouvelles technologies, l'ouverture au monde, la créativité et la conscience des enjeux environnementaux. Autant de vertus de l'avenir. Que rêver de mieux ?

Par bonheur la conclusion du sondage remet les pendules à l'heure. Les parents à 74 % peinent à croire en l'avenir de la jeunesse. À l'inverse, les jeunes sont optimistes sur leur propre futur. Ils déclarent leur envie d'avancer, de rebondir malgré l'adversité et la déprime ambiante. Ils rêvent d'un nouveau monde uni et solidaire. Conscients de la difficulté d'un environnement socio-économique instable, ils sont prêts à réagir. Refusant la fatalité, ils attendent des transformations sociales profondes, veulent nous apprendre autant que nous leur apprenons, et sont à 80 % prêts à s'engager en grand et en nombre pour la défense d'une cause. La grande cause a un nom : réenchanter la France. Ils se déclarent aptes à changer le système de l'intérieur en intégrant partis politiques et entreprises, relance et économie sociale et solidaire. Banco !

Quelle leçon d'espoir. Et de réalisme : à la question « Quelles sont les clés du succès ? », ils répondent à 80 % : « Un : avoir confiance en soi. Deux : travailler dur », reléguant dans les bas-fonds du classement : diplôme, origine sociale et chance. Auraient-ils tout compris du monde qui les attend ?

Seule ombre au tableau, la déprime qui les cerne finit par déteindre sur leurs projets : 51 % rêvent de vivre ailleurs. Quel coup de semonce !

Si le vieux con que je suis peut se permettre, en se gardant de tout jeunisme, cette maladie de l'âge, de vous donner le conseil de mon demi-siècle de vie professionnelle, le voici :

Toutes les cinquante secondes, un Français a plus de 50 ans. Les quinquagénaires sont majoritaires et, avec eux, le conservatisme, qu'il soit de gauche ou de droite. Votre charge de vingtagénaires sera, plutôt que de la quitter, de faire bouger la France. Et vous de concert. Notre pays ne sait progresser qu'à petites foulées. Par ces moments de mutation où le temps s'accélère, plus vous générez d'énergie, plus votre course vous entraînera loin.

Vous êtes déjà mutants, espèce en voie d'apparition née avec des caméras à la place des yeux, des écouteurs en guise d'oreilles, des bouches en forme de micro et des neurones en bits. Surfeurs, zappeurs, screenagers, vous auscultez à vitesse supersonique ce vieux monde qui n'est pas le vôtre. Vous le chargez de tous les maux, mais tout en le rejetant, vous lui volez tout ce qui peut conforter votre avancée. Dans cette marche forcée vers le futur, vous carburez au passé, le brûlant comme du kérosène. Normal ! Comment reconstruire sans terre brûlée ?

Quelle chance vous avez ! Vous ne remercierez jamais assez l'horloge de l'Histoire de vous avoir fait naître à l'heure de ce grand passage de la révolution industrielle à la révolution digitale. La PlayStation a remplacé la voiture de pompier ou la poupée Barbie ; dès vos premiers loisirs, vous avez joué au Futur alors qu'à votre âge, nous pouponnions. Nous apprenions à écrire à la plume sergent-major, vous pianotez vos premiers mots d'amour sur votre mobile. Une odyssée numérique dont vous serez à votre gré le Dark Vador ou l'esclave. Faites votre choix.

Vous voici, c'est une première, en avance sur vos aînés avant même l'âge de la maturité. C'est votre force. Hier, le pouvoir dans les affaires se prenait en milieu, voire en fin de carrière. Aujourd'hui, il se cueille au berceau. On a déjà fait fortune à l'âge où ses parents s'établissaient. L'intérêt de la richesse avant 30 ans, c'est qu'elle donne le temps de la risquer à changer le monde. La faire à 50 ans, c'est se condamner à la conserver, et donc à stagner dans l'immobilisme.

Fuyez l'état d'esprit du chasseur, tirant sur tout ce qui bouge et engrangeant, la bave aux lèvres, le plus beau tableau possible, sans se soucier des lendemains d'un territoire vidé de toutes réserves. Soyez éleveurs, soignant vos bêtes, investissant dans de nouvelles terres, prévenant et non décimant votre cheptel. Nous entrons dans l'ère de la fidélisation. Plutôt que de vous époumoner à la recherche ruineuse de nouveaux acheteurs, c'est de les conserver que l'on vous saura gré. Aujourd'hui, les sociétés se jaugent à leur capital financier, demain elles se jugeront à leur capital client. N'est-ce pas d'ores et déjà le cas à la Bourse, qui ne spécule plus sur les chiffres des bénéfices, mais sur le nombre d'abonnés? Nous quittons une société de consommation pour une société de connexion. Dans un monde où chacun ne pourra pas être abonné à tout, les parts de fidélisation d'aujourd'hui seront les parts de marché de demain.

Fuyez le contenant, laissez aux technocrates, qui ont mangé leur pain blanc, la pose des tuyaux et l'amélioration de la rapidité de leur flux, concentrez-vous sur le contenu. L'avenir n'est plus aux branchements, mais aux branchés. Le Net sera le plus grand dévoreur d'information que l'on ait pu imaginer. Un ogre planétaire et boulimique que rien ne réussira à rassasier, jamais. Son problème dès lors ne sera pas ses ingestions mais nos indigestions. Trop d'infos tue l'info. Comment se diriger dans la jungle du milliard de pages Web aujourd'hui en lice? Le moment n'est déjà plus au contenu du contenu, mais à sa sélection. Les talents capables d'orienter, d'éliminer, de hiérarchiser, seront plus prisés que les fournisseurs mêmes de données. Pourquoi ne seriez-vous pas l'un des représentants de cette nouvelle espèce?

Fuyez l'entreprise paquebot. Ces mastodontes se contentent de l'éternel même trajet à heures fixes, à vitesse constante, à énergie minimale. L'entreprise ânonne sans cesse la même stratégie, exploitant à l'infini le même savoir-faire, propulsée par son acquis, se complaisant dans le stéréotype, le prévisible, le convenu. SOS! Le raz de marée de la nouvelle économie et son inéluctable changement des mœurs se profilent à l'horizon, le naufrage est programmé.

Fuyez de même l'entreprise planche de surf. Opportuniste elle prend le vent, instinctive elle improvise, réactive elle se plie aux intempéries, aventureuse elle se risque d'autant plus qu'elle n'a rien à perdre. Vous avez donc peu à y gagner. Sans projet, sans stratégie, sans passé, elle peut se renverser à la moindre vague de fond. Incapable de fidéliser ses clients puisqu'elle ne prend pas le temps de les écouter, elle n'est guère plus proche de ses collaborateurs. Au moindre chavirement, seuls les plus aguerris remonteront à temps sur le navire. Petits nageurs s'abstenir.

Choisissez au contraire l'entreprise trimaran. Un esquif capable de louvoyer tout en suivant le cap. Suffisamment léger pour aller plus vite, suffisamment puissant pour aller loin, suffisamment équipé pour aller sûrement. Une entreprise qui s'est fixé un cap et sait mobiliser ses énergies pour l'atteindre en associant tous ses équipiers à son odyssée.

Fuyez l'ex-glorieuse entreprise pyramidale, cette fourmilière où seules règnent l'autocratie, la hiérarchie, la suffisance. La mégastructure à l'américaine solidifiée, régimentée, cloisonnée par métiers qui ne se parlent pas entre eux, n'est plus de mise, pas plus que le management à la militaire qu'elle impose.

Fuyez tout autant l'entreprise virtuelle. À l'extrême, elle prône l'allégé, le dégraissé, le cool, le soft. Seule assise, sa cotation boursière, tout le reste externalisé avec un usage exacerbé de la sous-traitance. Immatérielle, elle pousse au travail à distance et à la désintégration, jusqu'à devenir une entreprise off-shore, apatride. Qui peut se prétendre heureux d'une telle appartenance ? N'y travaillent que des mercenaires dans le précaire, le temporaire, le stress. Les cabinets de consulting sont de ce bois. Contrairement à la morgue qu'ils affichent, le moral de leur troupe est au niveau zéro et leur turn-over à l'indice maximum.

Choisissez donc le *Small is beautiful.* Je sais, c'est le contraire de ce que vous ont enseigné vos livres, mais notre millénaire a changé de rive et notre futur avec lui. Certes, il faudra que votre niche professionnelle soit internationale mais, en parallèle, décentralisée. Finance, recherche et développement, stratégie de groupe doivent être partagés, mais tout le reste doit être éclaté en une myriade d'entités autonomes et entrepreneuriales. Chacune la plus discrète, la plus secrète, la plus légère possible, pour être plus opérationnelle. C'est la vieille théorie gaullienne de l'indépendance et de l'interdépendance. Chacun cherchera à réunir les extrêmes opposés, puissance et mobilité, contrôle et décentralisation, généralisme et spécification, gigantisme et taille humaine. Bref, tout collaborateur devra se sentir acteur d'une PME, mais nanti des moyens d'une multinationale. Le nouvel Havas est de ce bois.

La mondialisation à tous crins a accouché d'une nécessité de tribalisme professionnel. Engagez-vous dans une entreprise qui, elle, s'est engagée dans cette atomisation des hiérarchies et des responsabilités. Soyez un électron libre mais d'un noyau en réseau. C'est la mort de l'entreprise à la chaîne, gloire et vanité du XXe siècle ; vive le clan ! Chacun sait que le progrès ne va de l'avant que par retour en arrière. Battez-vous pour un grand groupe, mais exclusivement dans le cadre de votre microstructure, votre micro-organisation, votre micro-équipe, votre micro-marque. Bref, soyez le micro de la macro. Et cultivez votre imagination. Elle est votre assurance tous risques pour affronter les soubresauts du monde.

L'avenir en rose

Le monde est né masculin-féminin, mais Dieu avait un sexe et donna le pouvoir à l'homme. Depuis la nuit des temps, nos deux sexes sont séparés, codifiés, hiérarchisés à la faveur du mâle. Nous sommes filles et fils d'une culture patriarcale, un machisme qui était une donnée naturelle. Survie, travaux manuels, guerres, tout exigeait la force. Religion et philosophie, d'essence masculine, théorisèrent cet état de fait pour le légitimer. Le sexe dit faible fut réduit au « Sois belle et tais-toi ». On aurait pu croire ce casting biblique immuable. Tour à tour l'urbanisation, le déracinement rural, le machinisme industriel, puis l'économie de bureau donnèrent enfin sa chance à la gent féminine. La scolarisation systématique, les combats syndicaux, la légalisation du divorce, la perte d'influence des religions, l'accès massif à la contraception feront le reste, sans oublier la scolarisation précoce des tout-petits. S'ouvre enfin le temps de la femme.

La Française a attendu 1920 pour pouvoir adhérer à un syndicat sans l'autorisation de son mari, 1936 pour entrer dans un gouvernement, 1945 pour bénéficier du droit de vote, 1965 pour exercer une activité sans le consentement conjugal, 1983 pour jouir de l'égalité professionnelle et 1985 pour décider librement de la gestion de ses biens familiaux et de l'éducation de ses enfants. Lorsque Michel Debré, Premier ministre du général de Gaulle, fonda l'ENA, il eut l'outrecuidance d'écrire : « L'aptitude au commandement et la capacité de traiter les affaires importantes ne sont pas des éléments que l'on peut généralement trouver parmi les qualités féminines. » Paix à ses cendres !

Notre pays, qui se veut celui de l'égalité, ne l'a jamais été de bon cœur lorsqu'il s'agissait de celle des sexes. À Paris, 87 % des femmes travaillent, mais une Française sur trois à la retraite vit en dessous du seuil de pauvreté. Nous sommes 46e au palmarès mondial de la parité, loin derrière le Sri Lanka ou la Namibie. Une place de cancre, juste avant le Japon. Les pays nordiques sont en tête, suivis des États-Unis et du Canada, ne les laissons pas seuls mener la course.

Que de chemin à faire ! Il n'existe toujours pas de féminin à « décideur », ni à « manager » et d'une femme qui réussit, on dit « qu'elle a des couilles » comme pour mieux la séparer du reste de ses congénères. Par dogme, la hiérarchie religieuse leur est inaccessible. La sphère politique n'est pas plus représentative de cette obligatoire évolution des mœurs. Ségolène Royal en a fait les frais mais tout autant Martine Aubry, exilée à Lille et Rachida Dati promue au rôle de starlette. Seuls 34 % des membres de cabinets ministériels de notre gouvernement sont des femmes, et les nominations féminines en Conseil des ministres ne dépassent pas 20 %. Seule sulfureuse tête d'affiche, Marine Le Pen, femme politique préférée des Français après Christine Lagarde. Un binôme révélateur de nos fractures et nos contradictions. Nous sommes la France du oui à l'Europe, à la modernité, à l'ouverture, au libéralisme mais aussi celle du non, du repli, du populisme, de l'extrémisme, voire d'un certain sexisme. Le hit-parade politique met peu de femmes en lumière. Nathalie Kosciusko-Morizet remporte la médaille de bronze, laissant loin derrière (1/3 des points) sa concurrente, Anne Hidalgo, à la mairie de Paris. À gauche, Martine Aubry, l'exilée de Lille, fait jeu égal avec Christiane Taubira, notre Jeanne d'Arc du mariage pour tous. À droite, Rama Yade, la grande muette, voit son silence conforter son classement. Un total de popularité féminine incapable de concurrencer celle de leurs rivaux masculins. Qu'importe, méfions-nous des cotes de popularité, elles sont les photocopies de l'éphémère, les femmes politiques sont devenues des hommes politiques comme les autres. Il est temps d'en convenir.

La parité présidentielle est la plus mal servie. Une douzaine de femmes seulement à travers le monde sont à la tête de leur pays : de Michelle Bachelet, la présidente du Chili, à Cristina Kirchner qui préside aux destinées de l'Argentine, en passant par Dilma Rousseff qui a succédé à Lula pour conduire le Brésil et Laura Chinchilla, première présidente du Costa Rica, l'Amérique du Sud nous montre la voie. En Europe, Angela Merkel, désignée par la presse US « la femme de pouvoir la plus importante de l'année », incarne avec la présidente de la Lituanie et celle de la Suisse, la conquête féminine de l'Europe. Mieux, le chef du gouvernement islandais osa la première déclarer son homosexualité et mit en place la légalisation du mariage homo… s'empressant d'épouser sa compagne. Qu'attendons-nous pour féminiser notre pouvoir ? La prochaine élection municipale de Paris devrait nous offrir le premier duel de dames de la politique. Et quel match : à ma gauche Anne Hidalgo, l'héritière du maire sortant, à ma droite Nathalie Kosciusko-Morizet, la dauphine de l'ex-président. Tout un symbole !

L'entreprise affiche elle aussi son machisme, 21 % des sièges des conseils d'administration du CAC 40 sont féminins, le pourcentage des mairesses en France. Triste ratio et vaine promesse de parité renouvelée par nos présidents successifs. Lueur d'espoir, la loi s'en mêle enfin. En 2017, tout conseil d'administration devra compter 40 % d'administratrices. Pourquoi 40 et pas 50 ? Pourquoi dans quatre ans et pas aujourd'hui ? Le sexisme a la vie dure, mais les esprits bougent. Air Liquide est à 40 % de management féminin. Thales en a fait une priorité, GDF Suez vise plus modestement 33 % en 2015, il aura mis dix ans à doubler. Surprenant, le dernier de la classe est le secteur du numérique, il végète à 19 %, l'écart de rémunération atteignant 37 %. Le digital serait-il machiste ?

Le monde des affaires a, lui, osé confier les rênes de son syndicat à Laurence Parisot, sa Jeanne d'Arc capitaliste, le temps de deux mandats que la gent masculine l'empêche de prolonger, pour reprendre ce pouvoir qui lui avait échappé, comme si, pour un patron, avoir une patronne des patrons était insupportable. Et cependant, hors de nos frontières, les firmes parmi les plus puissantes du globe sont dirigées d'une main féminine : PepsiCo par Indra Nooyi, IBM par Virginia Rometty, Facebook par Sheryl Sandberg, Xeros par Ursula Burns, Kraft Foods par Irene Rosenfeld, Yahoo par Marissa Mayer... La France, elle, a cru bon de déposséder de son titre Anne Lauvergeon, la présidente d'Areva, après dix ans de réussite. Quelle mauvaise image nous donnons, l'équilibre du masculin et du féminin est un enjeu de civilisation, nous ne pourrons y échapper ! La France réserve à la femme le titre d'arbitre de la beauté, de l'élégance, du luxe et lui refuse celui de P.-D.G. ? En Europe, la création d'entreprise est majoritairement féminine. Chez nous, le monde des diplômées titulaires d'une licence ne cesse d'augmenter. Hélas, la parité des salaires ne suit pas, l'écart reste à 20 %, une honte républicaine !

Pire, au-delà du pouvoir d'achat, les discriminations antiféminines conduisent les femmes à deux fois plus de pauvreté et d'illettrisme (deux analphabètes sur trois sont du sexe faible). Conséquences : elles courent plus le risque de chômage comme de sécurité de l'emploi, connaissent plus de difficultés à accéder au savoir, à l'éducation, au financement. Quel frein à notre économie, femmes fourmis d'hommes cigales, elles injectent la quasi-totalité de leurs revenus dans leurs familles et leurs communautés. La meilleure arme anticrise, c'est elles.

On aurait pu espérer que les médias montrent le chemin, ne sont-ils pas les premiers donneurs de leçons de notre société ? Peine perdue, les tentatives passées de nos grands journaux ou nos télévisions de les placer sous la coupe féminine ont tourné court. Jamais, au grand jamais, un président de la République n'a osé nommer une femme à la tête de France Télévision. La Une, la Six ou Canal n'ont pas fait mieux, et nos radios n'ont pas été plus ouvertes. Seule la presse féminine relève le niveau, on le ferait à moins. Qui mieux qu'une femme peut diriger un magazine féminin. Hélas, le reste de la presse, bien que mixte, a oublié le temps où Françoise Giroud faisait de *L'Express* le référant des news. Et lorsque Christine Ockrent a voulu, plus tard, reprendre le flambeau, elle s'est heurtée à une fronde masculine qui a fait son œuvre. Les feux des projecteurs médiatiques sont réservés aux hommes et jusque dans les invitations des JT qui sont elles-mêmes sexistes : 80 % d'hommes, 20 % de femmes.

Une lueur d'espoir apparaît avec la nomination à la tête du *Monde*, et à 80 % des votes, de Natalie Nougayrède. Restera-t-elle l'exception qui confirme la règle ? Depuis neuf ans, le magazine *Forbes* révèle chaque année son hit-parade des 100 femmes de pouvoir. D'année en année, son classement voit s'élargir leur domaine d'activité. Longtemps les têtes d'affiche étaient celles des stars de l'audiovisuel : Oprah Winfrey, la redoutable journaliste télévisuelle, Anna Wintour, la redoutée rédactrice en chef de *Vogue*, Lady Gaga, la fille adoptive de Dali et de Madonna… La cuvée 2012 s'ouvre à des femmes d'affaires étrangères : Maria das Graças Foster, patronne de la firme brésilienne Petrobras ou Zhang Xin, fondatrice du géant immobilier chinois Soho. Sheryl Sandberg (Facebook) et Marissa Mayer (Yahoo), Ariana Huttington (du site du même nom) côtoie l'Italienne Miuccia Prada et l'Espagnole Rosalia Mera (Zara).

La seule Française, classée en 8e position, est Christine Lagarde, sanctionnant notre retard sociétal.

Aggravation de la peine : elle fait carrière aux États-Unis.

Le classement français publié à la même date par *Challenges* est tout aussi éclectique. Sur les dix premières, quatre sont des femmes d'affaires : Anne-Marie Idrac (Saint-Gobain), Patricia Barbizet (PPR), Clara Gaymard (GE France), Véronique Morali (Fimalac). Trois sont des femmes de science : Françoise Héritier (anthropologue), Cécile Renouard (Éthique), Esther Duflo (Économie). Trois sont des femmes politiques : Nathalie Kosciusko-Morizet (UMP), Najat Vallaud-Belkacem (Famille), Aurélie Filippetti (Culture).

Éloquente injustice, à l'exception des politiques à la renommée souvent volatile, aucune de ces lauréates ne connaît vraiment la gloire médiatique, cette béatification civile est réservée aux hommes.

Qu'importent ces lenteurs, nous vivons les dernières convulsions de cet archaïsme, 80 % des hommes s'affichent en faveur de la mixité. Qu'attendent-ils pour passer à l'acte, ne sont-ils pas majoritairement aux commandes ? Le sujet n'est déjà plus un combat féministe (que Femen me pardonne), mais un enjeu de société. La condition féminine a plus évolué au cours des trente dernières années qu'au cours des siècles précédents. Les femmes ont pris dans le monde les deux tiers des millions d'emplois créés dans le domaine de l'information. Jusqu'à en être les chefs aux États-Unis comme en Angleterre. Les hommes se sont acharnés à s'investir dans l'industrie lourde, une espèce en voie de disparition ou dans l'automobile qui a choisi la délocalisation et la finance, arme de destruction massive de notre économie. Surtout, les esprits progressent : porter ses attributs en bandoulière n'est plus un atout mais une tare. Le pouvoir a encore un sexe. Pour combien de temps ?

Je suis toujours frappé lorsque je suis appelé à remettre des prix de fin d'année dans des écoles de commerce ou de com, de voir 60 à 70 % des lauriers attribués aux femmes et non aux hommes. La suprématie masculine se fonde sur la puissance, cette sacrée vieille loi du plus fort, mais qui est désormais le plus fort ? En Chine, les hommes sont les maîtres de la politique, mais ce sont les femmes qui de plus en plus tiennent le business.

Les derniers machos devront s'y faire, les mâles n'ont pas le monopole du cerveau. La psychologie s'est posé la question : les hommes sont-ils plus intelligents que les femmes ? Nul n'a encore trouvé le moyen scientifique de comparer les différences mentales. Le QI ne mesure que le QI. Les spécialistes se sont alors appliqués à peser les cerveaux dans l'espoir d'y trouver une révélation. Peine perdue, si l'homme dispose en moyenne de 150 grammes de cervelle supplémentaires (1 450 grammes pour 1 300 grammes chez la femme), on ne peut en conclure que la différence de poids soit une plus-value intellectuelle. Lord Byron possédait, entre autres, un organe de 2 300 grammes, mais John Kennedy végétait à 1 432 grammes (au-dessous de la normale) et très près de Marilyn, le dernier amour de sa vie, qui affichait 1 422 (au-dessus de la normale). Difficile de croire que le plus mythique des présidents américains était faible d'esprit, ni que la première qualité de notre immortel sex-symbol hollywoodien fut l'agilité des neurones. Je me souviens d'avoir demandé à Yves Montand, un soir où je le sentais en veine de confidences, qui était Marilyn. La réponse me glaça : « Une brave fille ni très jolie, ni très solide, ni très maline, mais tellement émouvante. » Pour finir avec l'étalonnage de nos circonvolutions cérébrales, je tiens à rassurer les petites têtes : Léon Gambetta n'accusait que 1 092 grammes et Anatole France 1 017 grammes. Un mini-poids qui n'émoussa pas leur génie. Encore heureux, sinon l'être le plus doué de la planète serait le cachalot avec ses 9 kilogrammes de cervelle.

Et si la France, à son tour, s'essayait au management version valeurs féminines ? Une civilisation « matriharmonique » se dessine : mobilisation plus que coercition, animation plus qu'encadrement, spiritualité avant matérialisme. Malraux ne l'avait-il pas prédit ? Out : cette culture au masculin qui s'investit d'un pouvoir de décision sans autre justification que celle du sexe. In : une logique féminine qui reconnaît à chacun un rôle décisionnel pour mieux atteindre un équilibre collectif. La working girl n'aura vécu qu'un seul été cinématographique. L'entreprise prendra des allures de Club Med. La femme (ou ses valeurs incarnées par un homme) y régnera en maître et non plus en maîtresse. Revalorisation humaine et professionnelle, entente cordiale à tous les échelons, tendresse et respect en prime, la pédégère version assistante sociale aura pris la relève du P.-D.G. serial killer. Les hommes dirigent depuis deux mille ans le monde selon les règles de la boxe. Les femmes vont prendre le relais en pratiquant les arts martiaux. *Banzaï*!

Hélas, le réflexe anticrise reste majoritairement viril : on met en sursis la santé de l'organisme en amputant ses membres. Facile de gérer en virant les gens, mais de courte vue. À force de fabriquer des chômeurs, on fabrique du désespoir et jusqu'à la récession, nous y sommes. Et dire que l'on glorifie encore nos patrons qui tuent à la chaîne, liquident à tout-va au nom du sacro-saint principe de voir l'entreprise se « replier sur son vrai métier » et la cote boursière s'envoler. Autant de fossoyeurs élevés au stade de commandeurs. À travailler dans la terreur du chômage, on tue la motivation. Conséquence : notre retard s'accroît. L'atavisme viril a fait son œuvre.

Nos séries télévisées, nouvel opium du peuple, n'œuvrent pas mieux pour la cause. Le sempiternel super héros, à la Jack Bauer, qui vit en 24 heures chrono ou le Madman qui vit en 24 heures macho ont fini par céder la place aux héroïnes : *Nurse Jackie*, *The Good Wife*, *Damages*, *Engrenages*, *Mafiosa*… Hélas, encore soumises à la loi du plus fort. Pour réussir, pas d'autres choix que d'utiliser les règles de jeu des hommes : abandon de leur rôle de mère, d'épouse, de femme d'intérieur pour se draper dans une surautorité de façade. Autant de poncifs démodés.

L'enjeu n'est pas de prôner une parité numérique ou statistique mais une régénération de notre société par l'influence féminine. À elle de faire évoluer notre mode de vie, notre mode relationnel, notre mode de gouvernance. Et de mettre fin à nos certitudes phalliques, elles nous ont conduits au bord du gouffre. À amputer de moitié notre culture, notre politique, notre business, nous sommes des hémiplégiques de la vie. Il est temps de doubler nos capacités tout en rééquilibrant notre psychologie collective par l'« input » du quotient féminin. En lieu et place de cette planification brutale, cette hiérarchie pyramidale, cet individualisme collectif qui nous ont conduits en enfer, s'annonce l'entreprise à valeur féminine. Elle se concentre sur ce qu'elle fait de mieux, sous-traite le reste de ses activités, développe des relations interprofessionnelles et soude ainsi affectivement une structure professionnelle de plus en plus inhumaine.

Ces valeurs nouvelles remobiliseront les énergies, inventeront de nouveaux schémas et vaincront la crise. Les qualités viriles ont un handicap rédhibitoire : elles paralysent l'intelligence collective. Le « Faites ce que l'on vous dit », mot d'ordre de l'entreprise machiste, est un coupe-circuit à toute initiative. La devise du IIIe millénaire sera : « Faites ce que vous sentez. » Que de vertus nous avons écartées en nous privant de celles du sexe opposé, la persuasion patiente, l'influence incitative, les liens affectifs, la recherche du compromis, la consultation systématique… Et par-dessus tout, l'empathie, ce don de sentir d'emblée la personne qui est en face de vous pour la diriger sans la brusquer.

Une douceur qui fait la vie belle aux femmes, elles se suicident trois fois moins que les hommes. Elles savent dire « peut-être » et pas simplement « oui » ou « non ». Elles arrondissent les angles de l'existence, le sexe dit fort les brise. Cette tolérance, qui hier leur barrait la route de l'entreprise, leur ouvre aujourd'hui ses portes. Dans le même temps, le statut du mari seul père nourricier et tout-puissant de la famille s'étiole. Le congé parental étendu aux pères en aura raison. En une génération, le taux des travailleurs féminins a doublé. Les femmes représentent 52 % de la population du pays, et déjà 45 % de sa population active. Le but approche.

Que les hommes n'y voient pas leur déclin annoncé, cette montée des valeurs matriarcales ne signifie en rien la chute de leur virilité mais l'obligation de laisser s'épanouir ces vertus enfouies en eux, ravalées par des siècles et des siècles d'éducation et de tradition désormais surannées. Notre société change de moteur, non plus la force mais la douceur, non plus l'argent mais l'amour, non plus le machisme mais la féminité.

Connaissez-vous cette fable tibétaine?

Un maître s'adresse à son disciple:

— Quel est l'envers du blanc?

— Noir, répond l'élève.

— Et l'envers du jour?

— La nuit.

— Et l'envers de la vie?

— La mort.

— Tu n'as rien compris, conclut le vieux bonze. L'envers de la vie, c'est la naissance.

Il ne faut rien craindre des évolutions, sinon une renaissance. Toute crise a sa sortie de crise. Celle-ci sera féminine ou ne sera pas. La femme n'est pas l'avenir de l'homme, mais de l'humanisme. Tout ce qui a fait évoluer les mœurs en Inde, en Afrique, en Amérique du Sud lui est dû. Quoi de plus logique: en nous mettant au monde, ne sont-elles pas investies du devoir de le rendre meilleur ? Les hommes ont eu le pouvoir pendant vingt siècles, ils ont échoué. Voici venu le temps des femmes. Nous avons sombré dans le pessimisme, laissons-les rétablir l'optimisme. L'homme donne la mort, c'est la guerre. La femme donne la vie, c'est l'enfantement. Comment ne pas leur faire confiance pour changer notre siècle ?

Designed by France

Lorsque Sam Goldwyn et son comparse Louis B. Mayer inventèrent la MGM, et réinventèrent Hollywood, ils ne se contentèrent pas, de fusion en fusion, de lever auprès des investisseurs l'argent de leurs superproductions. Ils réécrivirent les scripts, choisirent eux-mêmes les réalisateurs, assurèrent le casting et supervisèrent le montage. À la manœuvre, leur instinct et leurs tripes, leur spontanéité et leur réactivité. La Winner génération du cinéma mondial était née. À leur suite, Francis Ford Coppola, Martin Scorsese, Clint Eastwood, George Lucas, Steven Spielberg, Sean Penn font de même et, comme par hasard, signent les plus grands succès de leur art.

Nos *tycoons* de l'imaginaire d'hier s'affirmaient à coups de génie, nos magnats de la finance d'aujourd'hui n'ont affiché que des coups de Bourse. Money et marketing ont mené la ronde ; la création suit, la plus lyophilisée, la plus ouatée, la plus stéréotypée possible. Pas de vague, sinon de fric. Pas de poigne, du pognon, pas de roses, du blé. Hélas, les idées, telles les herbes folles, ne poussent pas sur les moquettes insonorisées des salles de conseil d'administration, mais dans le brouhaha incontrôlable des salles de rédaction ou de création. La restructuration (crise oblige), la mondialisation (mutation impose), la capitalisation (économie exige) ont inversé les rôles. Signe des temps et mauvais signe, les marchands ont chassé les poètes du temple. Les sociétés sont toujours suicidaires, les années 1980 nous donnaient la pêche, elles furent, non ces années frime, ces années fric que professent ceux qui ne les ont pas vécues, mais les années de la libération des énergies, des idées, des mœurs, des médias, des envies. Notre peur du bonheur, notre honte de l'argent, et donc de la réussite, en ont eu raison au premier fléchissement boursier. La chaîne créative s'est aussitôt grippée, se reprochant soudain cette vie belle des *eighties*, les *nineties* prônèrent la rigueur. La rigueur est fille de la peur, la crise des années 2000 allait en faire son terreau. La politique a eu tôt fait de transformer cette peur en haine et divisa les Français dans une guerre stupide de castes. Qui aurait pu imaginer un retour de la lutte des classes. Hier les Ferrari nous faisaient rêver. Aujourd'hui, on a envie de leur crever les pneus. Pauvre France !

Notre millénaire, promu à être celui de toutes les innovations, de tous les risques, de toutes les avancées, s'est ancré dès ses premiers pas dans le « revival » et la défiance, bref le repli sur soi. L'an 1000 nous avait plongés dans une torpeur que nos ancêtres mirent des décennies à vaincre, l'an 2000 aurait-il suivi la même pente ? Le krach de 2008, qu'il faut bien appeler par son nom, est venu remettre les pendules à l'heure du changement et nous rappeler qu'en regardant passer les trains de la modernité, nous laissions s'enfuir notre destin. Notre écosystème de vie ne tourne plus à la même vitesse, les remous du monde financier, le séisme de notre chômage nous obligent à une mutation que nous ne voulons pas admettre. En réaction, nous nous murons dans une morosité paralysante.

Le crime est collectif, nous sommes tous responsables et coupables. Les politiques, les médias, les banquiers, mais tout autant les publicitaires eux-mêmes. Qu'avons-nous créé de grand, de beau, à l'épreuve des siècles, tels nos prédécesseurs ? Quelle civilisation nouvelle ? Quelle œuvre d'art immortelle ? Quel livre marquant une génération ? Quel film ? Que restera-t-il, dans dix ans, dans vingt ans, de nos plus grands succès : *Bienvenue chez les Ch'tis*, *Astérix* ou *Intouchables* ? Notre jeunesse a dévalé à plein régime ces « années créa » où Jean-Paul Goude réinventait le 14 Juillet, Decouflé les Jeux olympiques, Solers le roman, Mondino la photo, César et Arman la sculpture, Godard le cinéma, Gainsbourg la chanson, Coluche la provoc. Et puis, soudain, tout s'est arrêté. Deux décennies d'immobilisme et de pessimisme, l'un ne va pas sans l'autre, nous ont mis à la traîne du peloton des nations créatives.

Cette peur d'oser, cette appréhension des arcanes administratifs, cette quasi-impossibilité de trouver l'aide d'un banquier si l'on n'a pas pignon sur rue et caution garantie minent notre créativité. L'Amérique a su se prémunir de cette paralysie économico-administrative, aussi se relève-t-elle toujours plus vite que nous des crises qui l'accablent. La fortune est à qui croit en son idée. Ainsi, cet Américain qui, voici quelques années, frappe à la porte d'un fabricant de sparadrap et lui demande :

— Pouvez-vous me livrer dix mille rouleaux de sparadrap noir ?

— Noir ? interroge le marchand, mais vous n'y songez pas, nous fabriquons de l'adhésif depuis des générations, nous avons essayé toutes les couleurs de l'arc-en-ciel et jamais vendu que le rose.

— Normal, répond l'acheteur, regardez votre peau, elle est rose, comme vous pouvez le constater, la mienne est noire. Nous sommes dans ce pays quelques millions de la sorte, aussi suis-je persuadé que mon produit a un marché.

— À vos risques et périls, conclut sceptique le fabricant.

Tout heureux, notre jeune entrepreneur s'enquiert d'une agence de publicité et lui commande une campagne. Elle sortira trois mois plus tard sous forme d'une affiche simple et forte comme doit l'être tout lancement. Plein cadre sur un fond blanc, trône un rouleau de sparadrap noir. Le titre est un cri : « *Black is beautiful* ». En quelques mois le petit malin fera fortune. Tous les Noirs se ruèrent sur cet adhésif enfin conçu pour eux. Mais aussi ces cons de Blancs. Il était devenu à la mode.

Pourquoi, dans nos inventions, sommes-nous les chasseurs de la complexité plutôt que les dénicheurs du bon sens ?

J'aime les préfaces, elles sont les loukoums de l'édition, une petite sucrerie avant la prestation de l'auteur pour mieux adoucir le jugement du lecteur. À la demande d'Albin Michel, j'écrivis avec délice celle du best-seller américain du gourou de la Silicon Valley, Roger von Oech. Son essai s'intitulait : *Créatif de choc* ! et décrivait sa longue course à la recherche de l'idée.

Les marchands d'idées ne me la font pas. C'est mon pain quotidien. Pour vendre l'imagination, je n'ai pas hésité à me travestir en pianiste de bordel, en producteur hollywoodien qui lave plus blanc, en fils de pub, et, pour finir, en porteur d'eau des stars et supporter de votes. Mais oncle Oech me bat, son carnet de bal s'honore des signatures de Colgate, DuPont, General Electric, IBM, ITT, Xerox et même la Nasa. Sa théorie est pourtant simplissime : « Être créatif, c'est jouer au révolutionnaire. » Lorsque Johannes Gutenberg s'intéressa à l'imprimerie, ses clercs pouffèrent de rire : « À qui peut bien servir cette ineptie, puisque personne ne sait lire ? » Justement : « À apprendre à lire », répondit le maître. Découvrir, c'est voir un peu plus loin que les autres.

Par bonheur se profile un réveil sociétal, poussé par le vent des initiatives qui prolifèrent sur le Net, se multiplient dans les cités, les foyers, les clubs, les forums, les débats. S'ignorant entre elles, elles règlent, chacune dans leur coin, les problèmes que notre société formatée ne sait plus résoudre. L'administration, les partis, les penseurs, les médias les ignorent. Et si elles représentaient notre chance de vie meilleure. Avant celui du Redressement productif, le ministère le plus nécessaire est celui des Idées productives, capable de brancher inventeurs et fabricants, d'encourager les dépôts de brevets mais plus encore, leur mise en œuvre, d'aider les entreprises innovantes et de favoriser leur conquête extra-muros.

Claude Allègre fait mon bonheur. Il me rappelle Raymond Devos. Entrant en scène, emplissant aussitôt l'espace en crachotant ses mots pour exploser d'humour et d'intelligence. Claude le fait à sa manière, chacune de ses petites phrases est un enseignement. Je lui demandai, lors de l'une de nos multiples rencontres, qu'elle était pour lui la première caractéristique de notre IIIe millénaire. Sa réponse fusa : « La matière grise brute est devenue elle-même une denrée commerciale. »

La France est le 2ème pays Européen et le 6ème mondial le plus actif en dépôts de brevet (16 632 en 2012) : PSA, leader en la matière, prouve que les épreuves n'altèrent pas son esprit d'innovation. Hélas combien de ces inventions seront commercialisées faute de moyen ? La règle est sans pitié : pas de financement, pas d'innovation. À ce jeu, nos PME sont les plus pénalisées ne pouvant convertir leurs idées en produits et leurs produits en chiffre d'affaires. Il suffirait d'un milliard et demi à deux milliards pour réaliser leurs rêves. Qu'attendent nos pouvoirs publics ?

Cette sortie de crise, nous ne la réussirons que par l'innovation. Il y a trente ans, le succès économique d'un pays naissait de l'importance de ses matières premières et de ses performances industrielles. Nous étions à l'ère de la richesse concrète, nous entrons dans celle de la richesse abstraite, l'imagination. C'est notre chance, notre puissance industrielle s'est affaiblie mais pas notre puissance imaginative.

Éveillons-la, réveillons-la, obligeons notre État castrateur à faciliter la réalisation de nos projets, et retrouvons notre capacité d'inventer. Elle se remet en marche.

Chaque année se tient à Las Vegas le Salon du high-tech. Mi-concours Lépine, mi-vitrine mondiale des avancées technologiques, il réunit les grands inventeurs de la planète. En stars orgueilleuses, les multinationales américaines et japonaises, et cette année en challenger très remarqué, la myriade de start-up françaises, à l'imagination débridée, mixant le goût du numérique, le sens pratique et l'effet de surprise.

En tête des *gossips*, la Fourchette-régime de Jacques Lépine. Baptisée HAPIfork, elle vous offre le bonheur de vous mettre à table sans risque de prendre du poids. Son vibreur électronique à capteurs se déclenche si vous mangez trop ou trop vite. Son fabricant, Slow Control, a été aussitôt assailli de demandes.

Autre célébrité frenchie du Salon, la balance connectée de Cédric Hutchings. Elle mesure, outre votre poids, l'évolution de votre masse et vous donne les conseils à suivre pour maigrir. En prime, elle affiche la température, la qualité de l'air et votre rythme cardiaque. Chaque pesée est un mini-test médical, que vous pouvez d'ailleurs télécharger à distance sur l'ordinateur de votre médecin. L'inventeur du premier pèse-personne-check-up complète sa panoplie paramédicale par un smart-security tracker, boitier de poche prêt à vous alerter à la moindre anomalie, qui enregistre, à chacun de vos pas, dépenses caloriques et battements de cœur.

Jean François Kitten s'est lui intéressé au téléphone de bureau, tour de Babel de la technologie, que nul ne réussit plus à déchiffrer et propose, avec sa start-up Invoxia, une station d'accueil pour smartphones qui met au service du fil toutes les possibilités du portable. Évident, mon cher Watson !

Plus technologique, face à cette attaque frontale des majors US sur la 3D, Clément Moreau propose un service d'impression en 3D (grand prix de l'innovation 2012) applicable à tous les matériaux. De quoi révolutionner l'industrie textile par exemple. Tout consommateur pourra désormais, en quelques clics, programmer lui-même sa création personnelle de toute commande de tissus imprimés.

L'inventivité française n'est pas morte, stimulée par l'effervescence technologique, elle entend ne pas laisser à la Silicon Valley, ni à Tokyo, ou à Séoul, l'exclusivité de redésigner notre quotidien, ni à la Chine l'exclusivité de le fabriquer.

Sur le dernier net-marché en date, les objets connectés français ne sont pas non plus à la traîne. Netatmo, dernier venu dans le club, transforme votre mobile en station du plus grand réseau météorologique privé, jamais constitué.

Autre start-up « *successful* » : Kiwatch, spécialisé dans la sécurité, vous permet de surveiller votre home 24 heures/24 de votre écran mobile, un marché, hélas, prometteur : Paris déplore un cambriolage toutes les 90 secondes. De leur côté, Parrot et ses 600 ingénieurs, pionniers du système, ont révolutionné les jouets, drones, hélicoptères, avions, bateaux en commande directe de votre téléphone. À l'autre bout de la France, une jeune société marseillaise, BeeWi, crée son minirobot joueur de foot. Les possibilités à venir sont infinies, le même BeeWi met également au point la prise de courant connectée. Déclenchée à distance elle met en marche tout appareil branché sur elle.

Rassurez-vous, je ne prétends pas que quelques start-up en veine d'innovation vont assurer notre redressement national, mais elles ont le double mérite de servir de stimuli aux adeptes de la création de leur « petite entreprise » et de réveiller la somnolence de notre administration.

L'État, si timoré dans ses soutiens à l'innovation autres que les crédits d'impôts, ou les subventions réservées aux grandes entreprises, vient de lancer un plan de 200 millions d'euros, baptisé « France Robots Initiative ». Il devrait permettre à cette filière de rejoindre le top 5 des leaders de la robotique en 2020.

Bien trop peu, bien trop tard, diront les pessimistes, l'optimiste que je suis applaudit deux fois. L'une parce que cette aide est destinée exclusivement aux PME et aux start-up innovantes, les vraies armes de notre redressement. L'autre parce qu'elle s'attaque à l'un des domaines technologiques où nous avons le plus de retard, alors que nous pouvons y briller : 150 000 robots peuplent l'Allemagne, 62 000 l'Italie, nous végétons à 34 000 alors que l'Asie et l'Amérique se disputent le leadership mondial. Or nous disposons d'une des recherches les plus fertiles du monde : CEA, l'INRIA, les Mines, Supélec, de pôles de compétitivité exemplaires : Recif Technologies, BA Systèmes, ECA Robotics et de l'exemple des EADS, Thales et EDF champions de leurs secteurs. 250 entreprises vont bénéficier du soutien gouvernemental, pour un coût total de 33 millions, une goutte d'eau dans l'insondable océan de notre dette. La multiplication de ces microsoutiens est l'un de nos premiers facteurs de survie. Les petits ruisseaux font les grandes rivières.

Nous avons une vision jacobine, centralisée, cadenassée de l'innovation, trop souvent réduite à la recherche et au dépôt de brevets. Peu de nos chercheurs sont des entrepreneurs, à la différence des Américains, où le « *do it yourself* » s'applique aussi au business. Chez eux, tout est fait pour favoriser les candidats à l'action. Chez nous, tout pour les démotiver.

Le prince des Business Angels, Hervé Azoulay, président d'Athos Finance et d'Invest 95, raconte l'édifiante histoire d'une victime de notre technobureaucratie.

David Loury est l'un de ces jeunes surdoués sorti des Mines, et aussitôt parti se frotter la cervelle à celle des autres. Diplôme en poche, il embarque pour les US et atterrit à la Nasa pour deux années de pratique. De retour au pays, il fonde sa société, Cobalt, et dessine un avion d'affaires, le Co50 Valkyrie, capable de rivaliser avec les géants du marché, Dassault ou Bombardier. Hélas, lorsqu'il présentera son bébé volant à la Direction générale de l'aviation civile, cimetière de tous nos projets refusés, il en fera aussitôt partie. Motif : « Le créateur est trop jeune et trop expérimenté pour s'instaurer constructeur d'avions. »

Piqué au vif, le recalé reprend le premier vol pour les États-Unis, s'installe en Californie. Un an plus tard, il exposera sa maquette au Salon d'Oshkosh et recevra un millier de prospects, dont une offre canadienne ferme et définitive. Son jet est aujourd'hui en tests finaux. Des centaines d'emplois vont se créer… au Canada.

Que se passe-t-il au pays de l'imagination ? Nous sommes les fils de Gustave Eiffel, d'André Citroën, de Marcel Dassault et de tant d'autres génies. Notre administration castratrice a-t-elle eu raison de nos gènes ?

Quant au « made in France », l'appellation est trop nationaliste et restrictive pour freiner l'infidélité du consommateur. L'important est que l'innovation, la conception, le développement de nouveaux produits, leur distribution, leur marque et leur marketing restent français. Apple a montré la voie, son iPod, son iPad, son iPhone et bientôt son iWatch sont estampillés « designed by Apple – assembled in China ». Un montage qui ne coûte que 5 % ou 10 % du prix de revient. Qu'attendons-nous pour créer un « designed by France » comme le suggère le designer Christian Guellerin.

Notre redressement passe par le sauvetage de nos usines, ces chefs-d›œuvre industriels en péril, mais elles ne sont que des vestiges du passé, notre sortie de crise viendra de l'innovation, du design, du marketing, la réflexion stratégique et la capacité pour nos entreprises de changer de métier, de rythme, d'horizon. Nous avons toujours été les champions de la valeur ajoutée. Reprenons notre titre !

Full sentimental

La révolution des esprits est elle aussi en marche.

Le XXe siècle a vécu sous la terreur de la raison, guillotine des talents, des imaginants, des entreprenants. Le XXIe siècle sera celui de l'émotion, il était temps. Les études d'Hervé Chneiweiss, spécialiste de la neuroéthique, montrent que notre cortex préfrontal, siège de la perception des émotions, et région cérébrale qui nous différencie le plus de nos cousins grands singes, est le dernier à avoir évolué. Pour avoir trop longtemps négligé cette fonction et nous être trop soumis au régime dictatorial de la raison, nous peinons à laisser libre cours à nos sensations. Notre cerveau est notre moteur. À l'essence de Pascal dont nous l'alimentons depuis toujours, il est temps d'ajouter l'énergie créatrice de Picasso. Soyons hybrides.

J'ai toujours su d'instinct que l'Émotion était la Force. Le rationalisme notre faiblesse. Hélas cette émotion, nous la muselons, la croyant notre faille personnelle. Foutaise ! Elle est le révélateur de notre humanité, dont nous nous défendons de peur qu'elle ne soit prise pour de la faiblesse. Déclarer ses sentiments est céder au sentimentalisme, laisser percer sa sensibilité sombrer dans la sensiblerie. Erreur sociologique : l'émotion est la ligne de démarcation entre la France d'hier et celle de demain. Elle nous fait oublier Descartes, campant sur ses certitudes, pour mieux développer le pouvoir de l'affect, cette arme fatale face à un monde de brutalité, de rapacité, de cynisme.

L'émotion est un virus salvateur et transmissible, à contagion immédiate. Par essence optimiste, elle a comme premier effet de po-si-ti-ver l'ambiance. Mieux, en nous poussant au rêve, elle enchante notre réalité.

Il était une fois, en Amérique, un constructeur d'automobiles qui vivait heureux. Sa firme – je crois qu'elle s'appelait Nash – fabriquait deux modèles : un coupé qui ne se vendait pas et une berline qui faisait fureur. Un nouveau président arriva. Sa première décision fut de supprimer le coupé. Les ventes de la berline dégringolèrent jusqu'à la catastrophe. Que s'était-il passé ? Les Américains achetaient la berline pour leurs besoins familiaux, mais se voyaient au volant du coupé. En tuant le rêve, on avait tué la marque.

Dans mes premiers pas publicitaires, me démenant à tout-va, j'obtins à l'arraché un rendez-vous avec Mme Bata, la femme qui vendait le plus de chaussures au monde. Elle me reçut pour le thé dans son hôtel particulier du Trocadéro. J'attendais une vieille milliardaire excentrique et facétieuse, je trouvai une comtesse raffinée et avertie. Je lui présentai aussitôt ma proposition de campagne. Mes maquettes montraient une somptueuse nature morte de chaussures en lumière anglaise. C'était à l'époque le dada des directeurs artistiques. Mon interlocutrice me regarda, étonnée, je crus avoir décroché la timbale. Mais dans un sourire moqueur, elle me lança :

« Jeune homme, je ne travaillerai jamais avec vous. Je ne vends pas de chaussures, je vends de jolis pieds… »

Je compris ce jour-là que mon métier revenait à être un marchand d'émotion.

La beauté elle-même a changé de camp. Hier fabriquée selon les codes dictés par la presse féminine, elle se libère jour après jour pour devenir la vitrine de notre personnalité. Le miroir extérieur de notre moi intime. À la beauté physique et la beauté de l'âme se superpose la beauté émotionnelle, celle qui touche, qui émeut. Un état qui n'est plus inné comme par le passé, et si profondément injuste, mais qui se forge au diapason de nos acceptations : « Deviens ce que tu es », dixit Socrate.

La beauté morphologique touche le cerveau de la raison, la beauté révélée notre cerveau émotionnel. Les recherches du professeur Antonio R. Damasio, chef du département neurologique de l'université de l'Iowa, prouvent que, dans notre appréciation de l'autre, c'est notre lobe droit qui déclenche nos états de grâce. Notre lobe gauche ne faisant que rationaliser après coup ce choix. En est-il d'ailleurs autrement dans l'acte sexuel, par définition, j'ose dire, plus QE que QI ?

S'adonner à l'émotion c'est oser redevenir un enfant, Cervantès nous l'a enseigné : « La jeunesse est une maladie mentale dont on guérit avec l'âge. » Les inventeurs ne guérissent jamais. Savez-vous comment Marvin Lee Minsky inventa l'intelligence artificielle, comble de la sophistication ? En analysant l'activité la plus simple : les enfants jouant aux cubes. Newton comprit, lui, l'apesanteur en se concentrant sur une pomme, et Galilée la Terre en fixant les étoiles. La découverte n'est qu'une somme de déductions enfantines. Le génie est de les enchaîner sans crainte du ridicule, la viet-génération n'a plus ses complexes.

L'économie du Net n'a cure de l'âge de ses entrepreneurs en culottes courtes. Nick d'Aloisio vient, à 17 ans, de vendre à Yahoo pour

23 millions d'euros sa start up « Summly », créée 2 ans plus tôt. « J'en ai eu l'idée, raconte-t-il, en révisant mes examens d'Histoire. J'utilisais Google, mais le problème des moteurs de recherche est qu'il y a trop d'infos. Je me suis dit qu'il serait plus pratique de disposer d'un résumé qui nous inciterait à lire ou non l'article entier. Et je l'ai fait ». Simple comme le fil à couper le beurre. Sacré Net où tout reste encore à inventer ! Digne fils d'un financier et d'une avocate, le jeune Anglais multi-millionnaire avant l'âge, a placé son argent à la banque le temps de finir ses études et de se lancer dans une nouvelle aventure. Sa seule dépense pour fêter la vente miraculeuse, une nouvelle paire de Nike : « J'aime les chaussures », conclut-il.

Toute création est régressive, c'est bien ce que les non-créatifs lui reprochent. Tout discours émotionnel l'est aussi, c'est bien ce que les rationalistes s'interdisent. En tout artiste ne règne-t-il pas un rebelle ? En est-il autrement lorsqu'un patron ose la différence ? Philippe Bourguignon confesse, lorsqu'il était président d'Accor pour les États-Unis, avoir usé et abusé pour convaincre son *board* de fables de La Fontaine. Pierre Lescure, hier grand patron de Canal+, aujourd'hui à la barre du Théâtre Marigny, cite à l'envi la maxime de Nietzsche : « Là où il y a une volonté, il y a un chemin » et il ajoute : « Il y a un chemin pour tous... » Le tout déclamé à la Shakespeare version Guy Bedos. L'humour ne doit jamais rester à la porte du grandiloquent.

Marcel Frydman, le génial bâtisseur de Marionnaud, reprit du service à l'âge où ses pairs prenaient leur retraite, il bâtit en l'espace d'une décennie, partant de la petite boutique de banlieue de sa femme, le premier réseau de parfumeries d'Europe. Étant son publicitaire, j'étais à ses côtés, et l'entendre présenter ses campagnes à ses vendeuses me faisait monter, comme à la salle, les larmes aux yeux. Mêlant son évasion du ghetto de Varsovie investi par les bottes nazies, à une rage de vivre que rien n'a altéré depuis, il vous communiquait, entre deux bilans, l'amour de sa boîte dans le même temps que l'amour des autres.

L'émotion est sans conteste un remède anticrise, mais la potion n'est pas magique. À la mettre à toutes les sauces, elle y perdra son effet. Méfions-nous de la laisser se noyer dans le signe. C'est son penchant naturel. Veillons à lui donner du sens. Elle ose, donc elle choque. C'est son fonds de commerce, n'en faisons pas son puits sans fond. Pire encore, elle inquiète. La raison rassure, l'émotion nous trouble, nécessité donc de lui fixer ses limites. Et se garder de son pouvoir de désinformation.

Comme tout pouvoir, elle sombre vite dans l'abus de pouvoir.

J'ai connu, il y a quelques années, Jerry Della Femina, alors jeune loup de la publicité new-yorkaise. Crâne rasé à l'ottomane et moustache foisonnante, il était l'archétype du self-made man de la pub. Sept années de vaches maigres et trente-deux petits métiers disparates, mais toujours proches de la vente, l'avaient sacré l'un des plus brillants *copywriters* de Madison Avenue. « J'ai fait un jour une expérience, me confia-t-il. J'ai dit à mes collaborateurs : “Je vais vous présenter un film à la gloire d'un politicien. Si, après la projection, vous pensez vouloir voter pour lui, vous levez la main”. Dans mon film, je montrais un homme qui jouait avec un très beau chien. À côté de lui, il y avait sa femme ou peut-être son amie. Il caressait son chien et le commentaire disait que cet homme haïssait la guerre car il avait été grièvement blessé, qu'il désirait la paix, que le pays était en danger, bref qu'il était le seul à pouvoir unifier et protéger la nation. Le commentaire poursuivait : “Cet homme est la force la plus unificatrice, puisqu'il rassemble tous les courants.”

À la fin du spot, toutes les mains se sont levées. J'ai eu beau jeu de les ramener à la réalité : “Je vous présente votre élu, Adolf Hitler”. Tout est vrai dans mon film. Il a été blessé en 1917 et a dit qu'il détestait la guerre. Il se faisait toujours photographier avec ses chiens. Chaque mot de mon commentaire était authentique. Et cependant… »

Les quinze rochers les plus célèbres du monde sont ceux du temple zen de Ryo¯an-ji à Kyoto. Latéralement, ils ne peuvent jamais être vus en même temps. Leur globalité n'est possible que si on a le réflexe de découvrir le jardin d'en haut. Hélas, parmi les millions de touristes qui l'ont visité et se sont extasiés sur son indicible beauté, pas un n'a eu l'idée de monter sur le toit du temple. Et donc pas un n'a reçu le message de cette vieille sagesse nippone : la seule analyse émotionnelle nous rend esclaves d'une vision fragmentaire et limitée des choses.

Sachons à l'orée de cette nouvelle planète qui va, peu à peu, se substituer à notre monde cacochyme, joindre l'émotionnel au rationnel et construire une société d'harmonie. Et que cette vieille dame cartésienne, la France, se shoote à l'émotion, sans y brûler sa raison, et elle retrouvera la joie de vivre, d'innover, de réussir. Pourquoi craindre d'être heureux ? « La seule peur à craindre, selon Roosevelt, c'est la peur d'avoir peur. »

Une mode durable

Hier, nous consommions pour le seul plaisir de noyer la banalité quotidienne dans le flot de nouveaux projets, de nouveaux objets, de nouvelles couleurs, de nouveaux meubles, de nouveaux journaux, de nouvelles pubs. La consommation était une fête, à coups de soldes, de rabais, de promos, nous en avons fait un business. Chaque prix cassé nous casse un peu plus le moral. À force de rabais, le consommateur s'est fait négociateur. Dès lors, notre société ne créa plus, elle photocopia. Elle ne produisit plus de richesses, elle spécula. Elle ne travailla plus, elle fit travailler son argent, jusqu'au jour où il se mit lui-même au chômage. Une spirale infernale, qui nous précipita en enfer. Arriva ce qui devait arriver, les banquiers firent sauter la banque. Hélas, c'était la nôtre. Seuls les altermondialistes et les anticapitalistes tirèrent la sonnette d'alarme ; nous les avons traités d'attardés politiques ou de doux rêveurs. Ils l'étaient en partie, mais ils stigmatisaient une spéculation sans foi ni loi, inhumaine, arrogante, asphyxiante de notre planète comme de notre culture. La mode et son culte de l'éphémère tiennent désormais rang de référent, le luxe de moteur de l'économie, la télévision de culture, l'Audimat de religion, la presse people d'info. Nous avions un regard sur les choses, nous voici réduits au voyeurisme. Les propriétaires des médias, dans leur ensemble, ne sont pas en reste, ils ne sont plus des journalistes, comme Pierre Lazareff du temps de la splendeur de *France-Soir* tirant à 1 million d'exemplaires et aujourd'hui disparu, mais des financiers plus occupés par la dernière ligne de leurs bilans que par leurs lignes éditoriales.

Lazareff était petit et laid et je n'ai jamais connu d'homme plus grand et plus beau. Le comble de la séduction est de faire oublier la personne pour ne montrer que sa personnalité. Vêtu d'un éternel complet de drap noir et rugueux et d'une chemise blanche au col rebelle, il semblait, quelle que soit l'heure du jour, sorti d'une nuit blanche. Rédacteur en chef avant d'être patron, il ne laissait à personne le *final cut* des titres de une. Je n'oublierai jamais ce matin où, autour de lui, nous séchions pour trouver la nouvelle du jour. Nous écrivions nos suggestions, il les refusait une à une. Le ton montait, je le sentais exaspéré de nous voir si mal inspirés.

— Pourquoi êtes-vous si nuls, nous lâcha-t-il.

— Mais Pierre, c'est l'actu qui est nulle.

— Vous êtes journalistes, votre métier est de créer l'info lorsqu'elle ne dit pas son nom.

Soudain, il prit une feuille et traça en lettre capitale : BRRRRRR sur huit colonnes. C'était le 6 mars 1964, l'un des jours les plus froids de l'année. L'addiction à la météo, devenue depuis le premier pic d'audience, n'existait pas. Pierre venait de l'inventer. Les ventes, elles, prirent un coup de chaud : + 20 %.

La consommation de masse a tout au plus deux siècles, une goutte d'eau dans l'océan du temps, mais qui suffit à inventer une nouvelle planète. Consommer n'est plus une frivolité, mais un droit. C'est en son nom que se font les révolutions, et d'abord celle des mœurs. 68 ne fut pas sous les pavés, la plage, mais sous les pavés, la pub. D'un coup de baguette magique, la consommation de classe se fit démocratique ; en suivant, les *eighties*, injustement traitées d'années fric, d'années frime, furent des années fringale. Fin de l'angoisse de manque de l'après-guerre, place au tout, tout de suite et au moins cher des hypermarchés, ces salles des fêtes de toutes les envies. Les *nineties* et leur mauvais réveil de la méfiance, de l'hyperrationalité, de la précarité, nous forcèrent à une prise de conscience. Elle fut plus apparente dans les têtes que dans les tiroirs-caisses, loin encore de cette frénésie de déconsommation qui sévit aujourd'hui. Nous changeons d'Homo Conso en Homo Perso, recentrés sur nos besoins essentiels et donc sur nous-mêmes. À la boulimie de conso succède une frugalité raffinée, *less but better*, « moins mais meilleur », prônent les Américains, hier chantres de la *mass-consumption*.

Première mue, l'éclosion d'un apartheid entre une consommation de raison de produits basiques, dont le prix reste la première valeur ajoutée, et une consommation de déraison, pour laquelle seule compte la valeur émotionnelle ajoutée.

Deuxième vague montante, l'information. Elle sera « la monnaie de l'avenir », prédisait John Galbraith. Il voyait juste. Elle envahit nos vies sous toutes ses formes : narratives, comparatives, explicatives, interactives. Le besoin d'images va se multiplier par cent, lors des seules dix prochaines années. Tous les métiers de communication seront à la fête. En majeur, ceux de sélection et de sécurisation de l'information. Après le global, nous entrons dans l'ère du minimal. Merci d'économiser mon temps et de me servir ce que j'attends et uniquement ce que j'attends. Sinon zapping.

Troisième attente, celle du « plus ». Le produit pour le produit est désormais un dû. La différence ne peut se faire que sur les services ajoutés. La guérilla des mobiles en témoigne, mais elle ne fait que préfigurer la Troisième Guerre mondiale (commerciale s'entend), celle de l'Anschluss des services, devenus nos auxiliaires de vie.

Le nouveau consommateur délaisse ce vieil atavisme français de l'attachement à la propriété pour se déporter, à l'américaine, sur la satisfaction intense et subite de la location, supprimant liens et servitude. La valeur d'usage relaie la valeur d'appartenance, les réseaux sociaux accélérant à plaisir le phénomène. De possesseurs acharnés, nous endettant à vie pour quelques mètres carrés de toit, nous allons muer en loueurs à tous crins, jouisseurs de l'instant, refusant de subir les contraintes du temps ou de l'engagement. La valeur ne se mesurera plus à ce que l'on possède, mais à l'étendue de ce dont on peut profiter, ne serait-ce qu'un court laps de temps. Désertant cette vie d'accumulation de nos pères, nous entrons dans une vie d'usage. Les titres de jouissance vont relayer les titres de propriété. Hier nous vivions pour acheter, aujourd'hui nous achetons pour vivre. Les Français ont changé de peau. Ils n'ont plus : ils sont.

Tel le déclin de l'Empire romain. Nous avons vécu celui de l'empire du toujours plus. À trop emballer la machine financière, elle finit par exploser, entraînant dans sa désintégration l'économie puis le social, puis le politique. Cet empilage de crises a un nom : c'est une « crise de civilisation ». Elle n'est pas née brusquement d'un surplus de subprimes ou d'une faillite bancaire. Elle germe depuis deux décennies, par petites touches subversives que nous n'avons pas voulu voir. Le retour à la terre des bobos parisiens, jetant aux orties le stress et le strass de la ville pour la quiétude des champs, sonna les prémices. La vague verte soulevée par l'aérien Hulot, et le terrien Bové, puis sacralisée par la grand-messe du Grenelle, en fut le couronnement. L'annonce martelée de la descente aux enfers de notre pouvoir d'achat, plus intox qu'info, a fait déborder le vase. Le consommateur est entré en alterconsommation : consommer moins, consommer mieux. Nos compatriotes affirment sans complexe économiser sur leur quotidien pour s'offrir plus de loisirs et être prêts à payer plus cher les produits respectueux de l'environnement. C'est notre mode de vie qui change de mode. La crise amplifie tout. Du malaise elle fait un mal-être, nous condamnant à passer de l'hyperconso à l'hypoconso. Demain, il nous faudra jeter le jetable, réparer le réparable, passer du superflu aux flux tendus. L'achat signe extérieur de richesse se fait signe intérieur de sagesse. La provocation du paraître cède la place à la satisfaction de l'être. Nous n'avons rien à y perdre, notre mieux vivre, tout à y gagner. L'acte de consommation se fait acte civique. Manger des fraises en hiver : aberrant. Rouler en 4X4 en ville : provocant. Faire des courses à trente minutes de chez soi dans un hyper : exaspérant. Retour à la famille, au terroir, aux racines, au goût des choses simples. Heureusement le bio est là pour nous rassurer sans encore suffisamment nous convaincre. Les parents souhaitent des menus bio dans les cantines de leurs enfants et voudraient aussi voir imposer des cartes bio à tous les restaurants. Mais toujours aussi paradoxaux, ils continuent à manger anti-bio.

Qu'importe, les Français n'envisagent pas d'aller vers un monde meilleur sans une certaine éthique et une authenticité certaine. Ils veulent croire en la possibilité d'une croissance durable et, plus encore, une croissance verte. Ils entendent s'y engager dans leur quotidien : préservation de l'eau, utilisation d'ampoules basse consommation, tri des déchets, transport collectif, tourisme responsable... Ce nouveau monde, dont chacun parle sans savoir ce qu'il sera, s'invente. Retour aux sources de la vie simple, le fait main, le fait maison sont de saison. Les ventes de yaourtières, de machines à pain, de presse-légumes sont en augmentation, celles des plats préparés, en diminution. Merci au scandale de la viande chevaline d'en avoir accéléré la décrue ! Place au bonheur de faire son marché à la ferme.

La Californie n'a pas attendu le IIIe millénaire pour inventer la marque écologique. En 1972, Yvon Chouinard créait Patagonia, devenu l'éco-référent mondial. Spécialiste des vêtements de montagne, la start-up de l'époque se fonde sur trois principes : 1 % du chiffre d'affaires est reversé chaque année à des ONG protectrices de la nature, une sorte d'écotaxe.

De même, tout vêtement est éco-conçu (coton biologique de rigueur). Les ambassadeurs de la marque sont aussi ses codesigners, tous sportifs de l'extrême, alpinistes, spéléologues, plongeurs, snowboarders, surfeurs, trail runners et pour le fun, pêcheurs à la mouche. Auteurs des catalogues, ils y relatent leurs exploits, les illustrant de leurs tenues en direct live. Le succès ne s'est jamais démenti, la marque couvre le globe en grand défenseur d'un capitalisme responsable et y consacre sa pub.

L'an dernier, elle a affolé le Net d'une annonce montrant en pleine page dans le *New York Times* un de leur modèle titré : « N'achetez pas ce blouson ». Le texte est à l'avenant : « La technique de fabrication, bien que recyclable à 60 %, requiert une quantité d'eau capable d'assurer les besoins de 45 personnes et génère 20 fois son poids en dioxyde de carbone. »

Objectif : un appel au peuple. Vincent Stanley, le directeur du marketing, précise : « Nous voulons rassembler un maximum de personnes pour discuter d'une économie plus responsable, reposant sur la consommation pour la consommation. » Et Patagonia, pour épargner la nature, de pratiquer le recyclage, reprenant à ses clients leurs vêtements usagés, créant même avec eBay un marché de seconde main.

Stanley va plus loin encore : « La spiritualité agit comme une sorte de lest dans notre vie quotidienne qui ne doit pas se borner à la nécessité de gagner sa vie. Notre comportement entre nous, comme envers les systèmes vivants de la planète, a une composante morale. »

On peut sourire devant ce prêche, mais il aura de plus en plus d'adeptes, la religion de l'alterconsommation est en train de naître. À la France de rejoindre la secte.

À changement d'ère, changement d'être. Il nous faut repenser nos styles de vie. Une génération se dessine. Elle aura pour mission de bâtir ce nouveau monde. Place au règne des équilibres : imagination et action, mesure et démesure, possible et impossible. Cette crise est un cri d'alarme, cessons de vouloir régir le monde, soumettons-nous à ses nouvelles lois, qu'elles soient économiques ou environnementales, libérales ou sociales. Nous sommes les enfants de 1789 et si nous faisions la Révolution sociétale ? Penser plus – dépenser moins, consommer mieux – consommer moins, travailler plus – râler moins. Pourquoi n'en serions-nous pas capables ?

L'atavisme, notre autre mal endémique, nous pousse à la nostalgie, au moment où l'accélération du progrès est exponentielle. Nos prédécesseurs, quelle que soit l'époque, quel que soit le danger, ont toujours trouvé la parade. Il est temps de nous reprendre en main. En vingt ans, le déclin des grandes utopies a cédé à l'argent le monopole du bonheur. Le marché nous promettait la félicité, il nous a offert la faillite.

Et de réduire, tel le constat d'Edgar Morin, l'*homo sapiens*, à un *homo economicus*. La contre-attaque remettra l'homme, ses espoirs et ses craintes au cœur du débat. Et si le concept le plus fédérateur de demain était le culte des valeurs et non de la seule valeur marchande ? Ces quarante dernières années, notre pouvoir d'achat a doublé, sommes-nous deux fois plus heureux ?

Place au *slow life* : d'un équilibre de vie qui place le « réussir sa vie » avant le « réussir dans sa vie », l'estime de soi avant le regard des autres, le rester soi-même avant de vouloir être ce que l'on n'est pas.

Le baron Bich n'était pas un homme ordinaire. Non qu'il soit baron, mais parce qu'il était Bic. Bic ! la première marque socialiste. L'insatiable inventeur s'est battu, sa vie durant, pour que ses trouvailles, stylo, briquet, rasoir, autant d'objets nécessaires de notre vie quotidienne, soient accessibles à tous. Il me fit partager cette chance, en me prenant comme publicitaire, nous allâmes de succès en succès. Puis vint le grand défi, sa dernière bataille, lancer sur les marchés du monde le premier parfum qui ne pue pas le fric. Ni emballage à l'esbroufe, ni flacon pseudo-œuvre d'art, mais un parfum égalant dans les tests les plus grands (Dior, Saint Laurent, Chanel) mais au plus petit prix jamais affiché. L'enjeu de la campagne était de faire admettre qu'un parfum compte pour son contenu et non son contenant. Je la titrais : « Le parfum nu ». Peine perdue. Le public refusa de jouer le jeu. Ce fut le seul échec de la marque. Était-il trop tôt, ou est-il impossible de passer outre la première fragrance d'un parfum : son image de luxe et de volupté ? Nulle pub ne peut défaire ce qu'elle a créé, seule l'évolution des mœurs en a le pouvoir. Les temps donnent enfin raison au baron.

Troc, recyclage, location, achats groupés, nous entrons de plain-pied dans l'auto-capitalisme, ce direct du consommateur au consommateur élevé au rang de nouveau marché en circuit fermé. Adieu intermédiaires, plus-values en cascades, surcotes. La consommation collaborative s'affirme (sept Français sur dix pratiquent les ventes directes), le Net drainant une occasion sur deux. Les grandes enseignes entendent ne pas être en reste, Décathlon, Ikea, Castorama, le BHV, la Fnac organisent eux-mêmes leur VO, lasses de voir la Toile leur voler la vedette et leur chiffre d'affaires. Échanger sa maison est monnaie courante, mais tout un chacun peut jouer les hôteliers de fortune en transformant ses chambres inhabitées en chambres d'hôtes, sans en faire un commerce, juste un appoint. Plusieurs sites se chargent de tout. Bed y Casa propose déjà 150 000 lits. Tout se loue, tout se revend et même vos billets de train non remboursables, le produit le plus prisé restant la voiture : Drivy, l'e-location de particulier à particulier affiche des prix au tiers de celui des Avis et des Hertz, et dispose d'un parc de 7 000 véhicules.

Plus simple encore, le covoiturage désormais dans les mœurs comme le Restopolitain, (1 repas payé = 1 repas offert). Autre champion de « la loc » : la boîte à outils. La durée moyenne d'utilisation annuelle d'une perceuse est de douze minutes. Est-ce raisonnable de l'acheter ? E-loue s'occupe de tout.

La folie de la réduc gagne tous les terrains jusqu'à celui de la finance. Les banques en ligne ont désormais pignon sur toile. Dernier tabou, la santé : courtiers et réseaux baissent la note de nos ordonnances en optique, dentaire, prothèses. Et plus si affinités.

À cet hédonisme du quotidien, nos politiques doivent répondre par une démocratie qualitative et non plus quantitative : citoyenneté, respect, partage, tolérance, altérité. Le philosophe Patrick Viveret a proposé à nos gouvernants une nouvelle règle de conduite : « être suffisamment bien dans leur peau pour ne pas chercher désespérément dans la toxicomanie du pouvoir, ou de l'argent, un antidote à leur propre mal-être ».

Avis aux intéressés !

La communi-mutation

L'industrie de l'info n'est pas à la fête. John Galbraith avait prédit : « L'info est la monnaie de l'avenir. » Il n'avait pas prévu : à quel prix, ignorant la remise en cause technologique qui l'attendrait. Notre presse quotidienne est tyrannisée par le culte du gratuit, nos magazines délaissés par la pub, religion du Net oblige, nos télévisions affaiblies par l'effritement des audiences, conséquence de leur boulimie de nouvelles fréquences. Pas facile de passer du mass media à la masse des médias.

À nouveau, plutôt que de se lamenter, mieux vaut muter. Le Net nous y force. Nos supports évoluent au rythme des époques dont ils sont les chefs d'orchestre. Les newsmagazines sont nés des Trente Glorieuses et de leur faim de modernité, la presse économique est fille de la mondialisation, la féminine de la libération de la femme, la people du voyeurisme de notre société factice. Le Net est ailleurs, un média de plus mais plus qu'un média : l'instrument possible d'une mutation de l'humanité. Média de tous les médias, tribune, expo, mémoire, biblio-filmo-audio-vidéothèque, producteur de nos fantasmes, inspirateur de nos créations, initiateur de nos rencontres, régulateur de notre quotidien, coach multifonction, guide universel, vulgarisateur ubiquiste, comment n'influencerait-il pas notre rapport au monde, aux autres, à nous-mêmes ?

Il va accélérer cette ouverture à l'ailleurs et l'autrement dont nous avons tant besoin. Il va nous offrir la possibilité d'exprimer notre créativité, ce feu qui brûle en nous et n'attendait que son moyen d'expression. Il va surtout offrir à l'entrepreneur qui sommeille en nous la chance du Web, cette possibilité quasi gratuite de créer son entreprise digitale.

Mais le plus beau cadeau du Net reste d'avoir offert à tous le premier pouvoir, hier réservé aux puissants : la communication.

Haut-parleur et copropriété de chaque internaute, il remet en cause la hiérarchie du jugement des oracles. La voix des experts, des politicologues, des éditorialistes est détrônée par la *vox populi*, la messe de 20 heures par les chats, le bouche à oreille par le buzz, l'opinion publique naît désormais du public. Elle était jusque-là pensée formatée, marketée et finalement assenée à un auditoire sans réaction. Fin de la manip ! Une nouvelle loi s'impose : partage et participation.

Le monde se réinvente. Le globe se fait globosphère, le média agora, l'establishment réseau social. Les Français, las de l'ego système sociétal d'hier, se sont jetés dans les bras du digital. Ils y découvrent avec bonheur ce nouveau pouvoir médiatique devenu leur propre pouvoir. Et quel pouvoir : interconnexion et intermédiation, interactivité et interaction, un basculement de l'histoire qui change leur mode de pensée, de créer, de communiquer, d'acheter, et donc de vivre. L'expérience n'est plus imposée mais partagée, elle remplace les Sages par le verdict populaire. Un jugement communautaire en direct live, qui substitue à une vision du monde statutaire une réalité partagée de ce même monde, se faisant peu à peu nouveau monde.

Chaque minute de chaque jour, 13 400 sites sont créés, 208 000 photos postées, 1,7 million de contenus partagés, 2,7 millions de « *like* » cliqués, 82 millions d'e-mails échangés. La déferlante de messages en tout genre nous oblige, pour survivre, à flotter sur l'écume de l'info sans trouver le temps d'en chercher le fond. Cette agression permanente nous assujettit, nous changeons de culture. L'invasion du digital est une guerre, elle engendre ses héros et ses victimes, un adulte sur trois en Europe n'a rien écrit à la main lors de ces six derniers mois. La mort annoncée de l'écriture manuscrite va retrouver au cimetière des souvenirs celle du calcul mental, détrôné par la calculette et pourquoi pas, demain, la littérature remplacée par le copier/coller et le dessin par l'animation numérique. Il ne sert à rien de s'en plaindre, le progrès ne se laisse jamais détourner de son avancée. Notre rôle n'en consiste pas moins à en tracer les contours et les règles.

J'ai demandé à Claude Allègre qui nous a fait aimer la science en nous la décryptant : « Quelle recommandation ferais-tu à un jeune à l'orée de sa vie dans ce siècle tourneboulé par le digital ? » « Je lui dirais, me répondit-il, de n'être ni dominé, ni fasciné par les nouvelles technologies. Il faut les maîtriser techniquement, et il faut les considérer comme des outils philosophiques. La raison essentielle à cela est simple : dans cette multicommunication sur des sites mondiaux, c'est l'originalité personnelle qui fera la valeur de chacun ! Les jeunes d'aujourd'hui ne se laissent pas influencer ou embarquer dans certaines idéologies communes ou dominantes. Ceux qui imiteront sont morts ! Ceux qui émergeront seront ceux qui auront de l'originalité ! »

Il faut craindre le Net pour ses dérives et l'aimer pour son activisme. Jamais un média n'a eu sa toute-puissance. Il est en tout, partout, pour tous, tout le temps. Rien n'arrêtera sa marche en avant. Dans cette avalanche de sollicitations la survie intellectuelle sera d'éviter la saturation. La presse écrite y retrouvera son rôle, traitant ses sujets en profondeur et non plus en nombre. De son côté la Toile assiéra sa crédibilité en multipliant ses filtres, en personnalisant ses cibles, en sélectionnant ses contenus, en trouvant ses business modèles. Le cimetière du Web est pavé de sites qui ont eu les yeux plus gros que leur finance, combien sont morts au champ d'honneur des start-up digitales. MySpace lui-même au démarrage supersonique n'a duré que ce que durent les roses. Rupert Murdoch qui l'avait acquis 580 millions de dollars en 2005 l'a cédé pour 35 en 2011.

Mais le génie du Net est son perpétuel renouvellement, aucune technologie n'a ouvert tant de portes vers l'échec comme vers le succès. Le dernier booster de la Toile, Instagram, le réseau social du partage des photos, vient de franchir la barre des 100 millions de fans, en moins de deux ans, les plus grandes réussites à ce jour ont cravaché huit ans pour Link, cinq ans pour Twitter, quatre ans pour Facebook.

De mémoire de Wall Street, jamais de tels monstres ne se sont constitués aussi vite, jamais de tels jeunes entrepreneurs n'ont fait fortune aussi rapidement. Instagram fondé en 2010 a été racheté vingt mois plus tard pour 1 milliard de dollars. La société ne comptait que 20 collaborateurs.

Toute avancée sécrète ses dangers. 20 % des internautes s'avouent *addicts* de la Toile qui dévore leur temps, et donc leur vie. Sans protection, le Net nous prépare une société d'autistes, chacun se murant dans son propre univers digital. Victime de ses certitudes, seul face à son propre miroir médiatique, il se fermera à tout désir, toute remise en cause, toute évolution. Pire, livré à ses mauvais penchants, qui l'emportent toujours sur les bons, le Net peut devenir son propre ennemi. À ses 2 milliards aujourd'hui, 5 milliards demain d'utilisateurs de s'en auto-prémunir.

À chacun ses combats, je ne m'étendrais pas sur ses dérives dites « criminelles », mais comment ne pas s'insurger contre un État qui livre, en toute impunité, le média le plus puissant de tous les temps aux calomniateurs, aux escrocs, aux pédophiles, aux terroristes, aux détraqués en tout genre ? Je me limiterai à mon seul petit domaine : la com. J'ai la chance de vivre les premiers pas de sa 3e révolution après avoir connu les deux dernières : celle de la réclame, puis de la pub. Comment ne pas en être, sans cesser de s'interroger sur sa finalité ? On sait où commencent les révolutions, jamais où elles s'achèvent.

Gutenberg inventa l'ère de la diffusion imprimée de l'information et du savoir. Les frères Lumière, l'ère de leur propagation en image. Bill Gates, Steve Jobs et les grands carrefours de la toile de Google à YouTube, de Linkedin à Twitter, créent l'ère de son appropriation universelle. L'aventure est relancée, elle ne réussira que si nous savons en fixer les usages et les limites. Le futur appartient à ceux qui sauront s'ouvrir au monde et aux autres. Le Net nous en confie les clefs. Quelle chance mais quelle responsabilité ! Le proverbe persan se réalise enfin : « Vous aurez fait un long voyage pour arriver au voyageur. »

Le nouvel âge de notre planète commence, il sera celui des Terriens. Salut les Terriens ! La pub devenue com va y jouer son rôle, plus en bonimenteuse : en rassembleuse. Plus en matraqueuse : en diffuseuse. Plus en conditionneuse : en interconnecteuse. Accélératrice digitale des pensées, des idées, des échanges, des marques et de leurs produits, elle voit ses champs d'action se multiplier à l'infini. Et donc ses devoirs dans ce no man's land libertaire d'une toile sans limite, sans frontière, sans règle, sans sanction.

Nous tenons entre nos mains l'évolution du monde, comme chaque Terrien la sienne propre. De toutes les avancées de cette ère digitale, la plus déterminante et irréversible est le passage de la dictature de la communication sans droit de réponse, apanage des siècles passés, à cette démocratie participative qui s'installe. Le consommateur, devenu consom'acteur, a pris la parole, nul ne la lui ravira. Les jeunes ont toujours voulu changer le monde butant sur la confiscation par leurs aînés des médias dressés face à eux pour mieux freiner leurs énergies. Ce mur de Berlin n'est plus, la Toile en a eu raison créant un espace libertaire et planétaire, leur ouvrant les portes de l'influence, hier réservées aux seuls décideurs.

En parallèle de cette libération médiatique, nous vivons une libération économique dont le Net est le réacteur, mettons-le au service de notre redressement. Il naîtra dans un capitalisme de partage et non de division. Chaque grande crise a puisé sa survie dans sa transmutation. L'invention du salariat a eu raison de la récession de la fin de notre XIXe, la régulation keynésienne et l'État-providence ont terrassé celle de 1930, la mondialisation celle de 1970, seuls la solidarité et le partage nous guérirent de celle qui nous assaille depuis 2008. Pourquoi cette nécessaire refondation ne serait-elle pas lancée par notre cher vieux pays ? Inventeur de la révolution sociale, ne peut-il pas l'être de la révolution économique et sociale. Les Français sont prêts à passer à l'acte, non en voulant moins de riches, mais moins de pauvres. Non avec un État protecteur, mais initiateur, non dans un État castrateur mais créateur. Le Net, en mutualisant les esprits et les pratiques, est en possibilité de débloquer nos craintes et nos replis, nos ego et nos égoïsmes. Et nous entraîner vers cette Terre qui est la sienne, de l'échange, de la réciprocité et de la communauté d'esprits, vers une Économie de la Bienfaisance. Tout consommateur est désormais un *prosumer* en puissance, prônant en premier lieu, dans son rapport aux marques, équité et éthique.

Une nouvelle morale de la consommation s'établit. Comme pour toute démocratie, elle est édifiée par le peuple, pour le peuple, avec le peuple.

La pub y joue déjà son nouveau rôle de bon samaritain, en incitant les marques à la générosité. Peut-être veut-elle, à l'image de Bill Gates et de Warren Buffett, rendre au consommateur un peu de ce qu'il lui a donné ? L'une après l'autre, les marques s'engagent dans la défense des grandes et des petites causes. Une course à l'exemplarité imposée par les réseaux sociaux. Veillant au grain, prêts à se mobiliser au moindre dérapage, ils sont les objecteurs de conscience des entreprises, les forçant à joindre à leur valeur d'usage et d'image, qui forgeait leur réputation dans les années passées, une valeur sociale ajoutée. Et ça marche, le hit-parade des 100 leaders de *Fortune* montre que les 50 entreprises les plus « responsables » ont réalisé une performance boursière supérieure à celles qui avaient négligé cette nouvelle donnée. Les voici entrées à part entière dans le grand concert de l'économie positive, celle du cœur et pas seulement du portefeuille. Havas la première, sous l'impulsion de notre CEO Monde, David Jones, a créé l'ONG One Young World. Elle rassemble chaque année plusieurs milliers de jeunes leaders porteurs des idées d'avenir que les grands annonceurs vont entraider dans leurs projets. « Un bien faire et faire le bien » que David

Jones décrit avec passion dans son opus sur les médias sociaux[1].

Franck Riboud, le P.-D.G. de Danone, notre star mondiale de l'industrie alimentaire, a donné le ton en créant au Bangladesh en 2006, avec l'inventeur du microcrédit Mohamed Yunus, la première usine de yaourt biologique, écologique et autogérée par ses consommateurs eux-mêmes : les enfants des plus déshérités du monde. Mais ce yaourt est plus qu'un yaourt, c'est un alicament à forte valeur nutritive qui répond aux carences alimentaires de la malnutrition endémique du pays. Le prix défie toute concurrence, l'entreprise ne cherchant pas à faire de bénéfices, l'usine fonctionne à l'énergie solaire et au biogaz, les emballages sont biodégradables, la vente est directe par un réseau d'autochtones, chargés de la distribution dans les villages. 50 usines sont prévues pour couvrir le territoire, les bénéfices étant réinvestis à 100 % dans un système d'autofinancement. Les médias sociaux sont naturellement concernés par l'aventure, une communauté de petits investisseurs, de militants, de partisans accompagnant sur le site la marche quotidienne du yaourt du cœur.

Le mouvement est lancé, Blake Mycoskie, un entrepreneur d'Arlington au Texas, découvre l'Argentine en participant à *The Amazing Race*. Conquis par ce pays aux mille pistes et aux mille visages, il y retourne en

1. David Jones, *On a tous à y gagner*, Pearson.

vacances quatre ans plus tard et tombe en arrêt devant les espadrilles de corde et de toile qui équipent les joueurs de polo, les mêmes que portaient leurs ancêtres paysans. En mal d'aventure professionnelle, il vend 500 000 dollars sa société d'auto-école, hypothèque sa maison, s'installe à Buenos Aires et se lance sans la moindre aptitude sur le marché de l'espadrille, qu'il redesigne et baptise : TOMS. Faute de moyens publicitaires, il a l'idée pour chaque paire vendue d'offrir une paire aux petits Argentins déambulant nu-pieds dans la ville, au risque de contracter toutes les infections possibles jusqu'à en être mortelles. Un article du *Los Angeles Times* révèle la BA à l'Amérique qui, aussitôt, se mobilise et en commande 10 000 paires. Il s'en vend aujourd'hui 2 millions dans 40 pays, continuant de chausser gratuitement les déshérités du monde.

Dans la foulée, Blake Mycoskie a créé le « *One day without shoes* » annuel où les fans de TOMS vivent pieds nus 24 heures pour sensibiliser les populations. En 2012, selon le même *Charity Business Model*, il s'est attaqué au marché de l'optique. Le principe reste inchangé : 1 lunette achetée, 1 lunette offerte à l'un des 300 millions d'enfants atteints dans le monde de déficience visuelle.

La pub est le pays des merveilles, chaque année m'apporte une rencontre qui me fait rêver et me régénère. J'ai reçu, en février 2013, une invitation à déjeuner qui fut mon second Noël.

Bernard Mariette, Français et fier de l'être, est un président heureux. Il vend du bonheur et ça marche. Après avoir fait progresser le chiffre d'affaires de Quicksilver de 600 millions à 2 milliards, il quitte sa présidence mondiale pour développer une mini-entreprise canadienne de sportswear féminin. Touché par la grâce, tel saint Paul sur le chemin de Damas, il rompt avec le culte du profit et la religion du forcing commercial pour s'engager dans cette nouvelle race de marque, et devenir l'un des nouveaux prophètes de l'alterconsommation. Il l'explique : « Dans la vie de tous les jours, nous devons travailler, aimer et faire du bien. Lolë ne vend pas de la mode, mais du bien-être. Au programme de ses magasins, sans obligation d'achat : yoga, méditation, massage sur fond d'*Imagine*. Séduit par l'ambiance, nul ne quitte ses boutiques sans la dernière doudoune au ton pastel, la jupe de ski, ou le dernier collant de danse. Son secret, le respect des matériaux, des textures, de l'environnement et du mieux vivre. Pas une vente, un shoot de bien-être. Et une révolution marketing. Il fait de ses points de vente les vitrines de son site et non plus du Web la vitrine de ses boutiques. Et les ventes s'envolent.

Pour les entreprises, cette révolution digitale est cent fois plus déterminante que celle de la télévision.

Nous la crûmes définitive, elle n'était qu'une étape vers la socialisation médiatique. Médias sociaux et responsabilité sociale ne font qu'un désormais, obligeant les deux parties, producteur et consommateur, à se respecter sous peine de représailles digitales. La morale tant attendue du business pourrait bien se décider là. Gendarmes de la consommation, les consommateurs condamnent le culte du profit pour le profit. Des annonceurs, ils attendent une âme, une éthique, une générosité. La nouvelle image de marque, c'est l'exemplarité de marque.

Pratiquer transparence et authenticité devient un devoir de l'entreprise. L'honnêteté est désormais la première qualité de son produit. La vente se fait partenariat, la communication conversation, la persuasion participation. À force de matraquage et de verbiages, la publicité a perdu de son aura. Publiphile il y a trente ans, le consommateur frise la publiphobie, seuls les réseaux sociaux peuvent restaurer sa crédibilité perdue. Tenue à un triple discours de vérité, d'écoute, d'interactivité, elle retrouvera son pouvoir de séduction dans son devoir de discussion. La France, l'inventeur de notre métier (merci Charles Havas), s'enorgueillit d'avoir été avec l'Angleterre et l'Amérique le précurseur de la créativité publicitaire, elle se doit de prendre la tête de cette nouvelle croisade.

Hélas, le Net est aussi diable que bon Dieu. Ultime danger à éviter, sous peine de dynamiter le système : la dictature de Big Brother. Depuis dix ans la société américaine Intelius nous livre à site ouvert : le tout savoir sur tout individu. Ni mystère sur son parcours de vie ou son parcours quotidien, ni secret de ses peines et de ses amours. Les marketeurs y voient l'aubaine de communiquer en direct une offre spécifique et ciblée sur les lieux mêmes de l'acte d'achat. De la promotion non plus en prêt à porter mais sur mesure. À passer les bornes de la « privacy », nous ne pouvons qu'espérer le retour d'Orwell et de son *1984*.

À ce rythme, à mi-siècle, chaque Terrien, tel un chien, sera badgé d'une puce électronique, son visage stocké en banque de données, ses iris scannés, ses empreintes numérisées, sera-t-il homme ou déjà robot ?

Le portable sera devenu insupportable. Notre meilleur ami et meilleur ennemi, antidote à la solitude mais espion omniprésent, en direct sur l'info mais mouchard localisant chacun de nos gestes. Facebook nous aura, dès l'enfance, livrés corps et âme aux géolocalisateurs du marketing comme de la police. Chaque seconde de notre vie pourra être retenue contre nous. Nous serons en auto-confession permanente. La science ne sera plus fiction mais réalité. Notre vie privée rendue publique, de vidéosurveillance en vidéo-protection, ne nous appartiendra plus, nous l'aurons donnée en offrande publique à Big Brother devenu Big Voyeur et Big Profiteur.

La France, la première, pourrait donner l'exemple, le Gouvernement prévoit début 2014 de proposer une loi renforçant la protection des données personnelles. Son but est de s'assurer que « la liberté d'expression et de communication comme le droit à la vie privée » soit respectée par les géants du Net. Google, Facebook et les réseaux sociaux seront tenus à ne plus passer les bornes de l'indiscrétion monnayée. L'Europe veut instaurer un « droit à l'oubli » et, avec sa lenteur pathologique, prévoit sa mise en œuvre en 2016. Mais peut-on faire confiance aux politiques ?

Seule parade, créer sans attendre, une Charte des droits et devoirs du Net. La liberté est notre droit le plus chèrement acquis, nous nous devons de la léguer à nos enfants, et nos petits-enfants, mais toute liberté a ses limites. Notre conscience numérique personnelle est plus importante encore que notre conscience écologique collective, nous acceptons cette dernière en faisant une priorité, nous ignorons la première en faisant une pénalité. Cette nouvelle régulation de la planète digitale agira en stabilisateur de toute dérive possible. Mais cette charte n'aura d'effet que si elle engage chaque internaute, se gardant d'en confier la rédaction et l'application aux États et leur tentation toujours rampante de réinventer la censure. La morale est affaire de volonté privée, non de pouvoir public.

La révolution de la Toile est tout aussi culturelle que technologique. Cette toile, nous en sommes les copropriétaires, il nous appartient d'en fixer l'éthique. Celle de la transparence, sans destruction de notre moi, et de la communication, sans manipulation des autres. Le droit à l'intimité est un droit sacré, chacun se doit de décider en son âme et conscience des limites d'un dévoilement qui l'engage par-delà les ans, par-delà les frontières.

À chacun de construire sa bulle intime, la gardant de toute intrusion si telle est sa volonté. Sans intimité, pas d'identité. Sans identité, pas de spécificité. Sans spécificité, pas de créativité. La vie n'est pas un reality show mais un jardin secret à n'ouvrir qu'à ceux avec lesquels on se sent en osmose. Tout être doit savoir résister à cette garde à vue digitale sous peine de « fliquer » notre futur et notre âme. D'où l'obligation d'instaurer un verrou numérique, le droit d'effacer ce que nous ne voulons pas voir circuler nous concernant. Notre mémoire nous appartient, restons les seuls décideurs de sa diffusion.

Pas de panique, l'homme a toujours su maîtriser le progrès, il saura s'en protéger à nouveau. La nécessité d'une protection rapprochée se fait jour. Sur Facebook, huit membres sur dix refusent l'utilisation de leurs données intimes à des fins commerciales. Big Facebook n'en a cure, mais pour combien de temps ?

Le système d'auto-défense est simple : entrer en résistance positive, être branché donc multiple mais rester unique, ne révéler de soi que ce que l'on est sûr de vouloir diffuser, cultiver le lien électronique mais le compenser par le lien social, le lien familial, le lien filial. On ne dit pas je t'aime à son fils ou ses filles par SMS mais droit dans les yeux, en les serrant dans ses bras. Facebook, Linkedin, Twitter ne sont pas des liens mais des mirages électroniques de liens. Ils sont nécessaires mais pas suffisants à notre bonne santé psychique, et à l'*affectio societatis* du monde.

Le Net doit sans tarder se préoccuper de son quotient de crédibilité sans lequel il ne sera qu'un déversoir de messages et jamais un guide. Quand on demande aux Français leur source d'informations, ils mettent en tête la télévision puis la radio, la presse et en queue la Toile. Mais ils croient surtout leur radio puis la presse, un peu moins leur télé et se méfient du Net. D'où la nécessité de cultiver la pluralité médiatique en privilégiant le cross media. Une trilogie du mobile, notre média personnel, de la télé notre média collectif, et du Net notre média participatif.

Jamais l'homme n'a connu une telle complémentarité de connexions, et une telle possibilité de « changer la vie », se doit de la normer. La Toile restera la plus belle idée depuis l'invention de la com, lieu de savoir, de diffusion, de transmission, de participation, si elle sait, au-delà de ses multipossibilités, être respectueuse de chaque internaute. Ne la livrons pas au tout est permis, donc tout est possible, au tout est marchandise, donc tout est profit.

Dieu a créé l'univers mais l'homme a inventé le monde. Il a toujours su limiter ses dérives, surfer sur ses courants avançant vers plus de liberté, de félicité, de pensée. Contrairement au discours alarmant de nos Cassandres de service, chaque siècle nous voit plus heureux que le précédent, les économistes sont formels à ce sujet. Hélas les Français, déprime oblige, s'auto-persuadent que le monde qui sera celui de leurs enfants sera pire que le leur. Rien ne le prédit. Mon après-propos qui suit en témoigne.

Remisons notre alarmisme suicidaire, fonds de commerce de notre médiasphère. Nos enfants et les enfants de nos enfants n'ont pas de souci à se faire. Seule condition, croire en l'avenir en lui précisant ses contours, et s'engager à le rendre meilleur. L'avenir n'a pas de fin mais il a une finalité, à nous de la lui tracer.

Les optimistes ont inventé l'avion. Les pessimistes, le parachute.

Après-propos

Aux sceptiques que je n'aurais pas convaincus, voici le digest, adapté à la France, de la dernière étude comportementale, venue de notre agence new-yorkaise. Chaque année, Marian Salzman, *trend posteuse* reconnue, scrute les tendances du monde occidental. Son baromètre 2013 retrouve bien des propos égrenés au cours de votre lecture, et trace les contours de cette *lite society* qui nous attend. Nous ne sommes pas seuls à chercher un nouvel avenir, l'Occident dans son ensemble s'interroge.

La crise n'est pas un signal de détresse mais le signal de fin de nos certitudes comme de nos habitudes. Le temps du monde fini commence. Vive la crise, le XXIe siècle va s'inventer enfin.

En 12 temps. À nous de les réfuter ou les vivre à plein cœur, à pleines dents.

Douze antidotes à la déprime venus d'ailleurs

1) Le temps du CO

Ecce « CO » : coexistence, collaboration, coparentalité, coentreprise, colocation, covoiturage. Désormais on est intelligent, créatif, productif à plusieurs. Le tout à l'ego des années enfuies n'est plus de saison. Le monde est trop dur pour l'affronter seul, la vie trop courte pour ne pas la partager.

Hélas, nous sommes loin du « vivre ensemble » prôné par nos politiques de quelques bords qu'ils soient. Le clan, la tribu, la communauté et autres réflexes anti-solitude s'instaurent mais aussitôt prêts à s'opposer. Le « co » national est livré aux castes, aux intérêts privés, aux jalousies, aux ambitions. Autant de ferments de déprime et pousse-à-la-crise. Soyons le pays qui invente le co-social et le co-sociétal. Après tout, ce n'est que l'aboutissement de 89 et 68, nos deux poussées de fièvre révolutionnaires.

Osons le partage!

2) Le temps des solutions

L'époque n'est plus à la crise mais à la sortie de crise, les trois quarts du monde, Asie et Amérique du Sud en tête, ne l'ont que passagèrement subie. Les États-Unis eux-mêmes reprennent le moral. Et nous, et nous, et nous! Adoptons leur mot d'ordre: pas de problèmes, des solutions. La règle vaut pour nos gouvernants en premier chef, mais en sont-ils capables? Élus sur des promesses, ils se contentent, arrivés au pouvoir, du service minimum. Il leur faudra changer de méthode s'ils veulent retrouver leur crédibilité. Et leur efficacité.

Les entreprises ne les ont pas attendus pour le faire, elles sont dans le temps des réponses, plus des questions, des idées, plus des idéologies, des actes, plus des promesses. Demain est dans leurs mains. Aux politiques de les suivre.

Osons le pragmatisme!

3) Le temps de la frugalité

Côté conso : place à la frugalité. Il y a dans frugalité une insoutenable légèreté de l'être qui nous aidera à passer de l'hyperconsommation à la consommation maîtrisée. Déclin de la possession, avantage à la jouissance partagée. Le troc se fait commerce, tout se loue, tout se partage, tout s'économise. Le tri, le recyclage, la restauration, l'achat d'occasion vont nous apprendre un autre goût, un autre coût des choses de la vie. La dictature de la vitalité, corollaire de la frugalité, nous aidera à sauter le pas. Le retour au vrai, au naturel, à l'authentique, mais aussi à la générosité et la sagesse feront le reste.

La récup se fait une industrie, les poubelles des pays riches pourraient nourrir les pays pauvres. Nous jetons 50 % de ce que nous achetons, comme il serait plus sage de savoir planifier et livrer nos excédents à ceux qui n'ont que des manques. Et sage aussi d'instaurer la frugalité des prix tout au long de l'année, plutôt que cette course aux soldes qui tue la marge à petit feu. Le e-commerce, très vite, sera la référence, la distribution classique, de gré ou de force, devra s'aligner.

Osons la frugalité !

4) Le temps de l'incarnation

Le grand risque de notre civilisation en quête de futur est la dématérialisation. Le XIXe siècle a été celui de la révolution marchande qui fit la fortune de l'Angleterre grâce à ses navires partis à la découverte du globe. Le XXe créa la révolution industrielle qui fut celle de l'Europe, puis de l'Amérique, puis du Japon, forts de leurs automobiles et leurs avions, ils défrichèrent les marchés du monde. Le XXIe sera celui de la révolution immatérielle. Le Net n'existe pas, il n'a ni siège social, ni téléphone, ni président, ni cours de Bourse. Il n'en est pas moins le maître du monde.

Si nous ne la compensons pas, la virtualisation digitale de notre quotidien finira par nous dématérialiser nous-mêmes. D'où le besoin vital d'identité, et donc de racines. Nous avons chez nous ce souci de la tradition, de la mémoire, de la reconnaissance de nos aînés. Notre conscience du passé porte celle de notre avenir. Les pays neufs, Chine en tête, dynamitent leurs traditions à la vitesse de leur frénésie commerciale, détruisant leurs centres historiques pour des centres commerciaux. N'abandonnons rien de notre patrimoine. Ses fondations séculaires nous arment contre le risque d'une déstructuration digitale. Protégeons nos appartenances, affirmons nos origines, nos reliefs, nos caractères.

Osons l'incarnation !

5) Le temps du yang

Le yin, culte de la perfection et son ennemi intime le yang, apôtre de la passion raniment leur guerre ancestrale. Les crises servent le yin, chacun se réfugiant dans la rigueur mère de la perfection. L'ordre règne pour endiguer le mal ambiant, on craint pour son job, on redoute l'avenir. Plus une tête ne dépasse. Profitant de cette léthargie rampante, les grands groupes restructurent au détriment de l'emploi et les familles remplissent leur bas de laine au détriment de l'investissement.

Le yang, tout au contraire, est le comparse des sorties de crises. Dans un fracas libertaire, il prône la mobilité, la mixité, l'action, la création, la passion. C'est lui que nous devons semer si nous voulons voir germer notre redressement. Le yin nous a conduits à la sinistrose, cette paralysie de l'action et de la joie de vivre. Il est le fossoyeur de nos chances. Le yang nous conduira au déblocage de nos esprits encalminés. Nos politiques n'ont que le mot réforme à la bouche, oubliant de préconiser la plus décisive, celle de notre mental. Sans elle, rien n'est possible.

Osons le yang!

6) Le temps des papas

Est-ce la crise et son noir cortège de chômeurs? Est-ce la poussée sociétale des valeurs féminines? Les papas sont les nouvelles mamans. Hier papa macho, rechignant à la moindre tâche ménagère et moins encore maternelle, les voici papa poule, langeant, berçant, dorlotant, papa cuisto mettant la main à la pâte, papa fée du logis et demain papa ménagère de moins de 50 ans. Avant dix ans ils feront les courses et veilleront quotidiennement à l'éducation des gosses.

Ce rééquilibrage du quotient masculin-féminin est le point de bascule de cette société qui s'invente. Aux Françaises d'en être les nouvelles suffragettes. Les femmes sont privées de pouvoir depuis l'Antiquité, le monde moderne est le leur. Interdites des hautes sphères religieuses, barrées en politique, à la traîne dans les entreprises, en rade dans leur différence des salaires, elles sont les abusées du système, mais leurs valeurs sont l'espoir du monde. Machos s'abstenir!

Osons le masculin-féminin!

7) Le temps de la Net éducation

« *Education first* » est le slogan de l'ONU, pour les cinq prochaines années. La paix du monde en dépend. Les guerres sont toujours le fruit de l'obscurantisme. L'émancipation par l'instruction est enfin possible. L'école libre, laïque et obligatoire qui a bâti notre richesse est à la portée d'un clic, à la portée de tous. Instantanée, gratuite, ubiquiste, la révolution du savoir commence sa marche sans frontières. Hier réservée aux nantis, elle s'ouvre aux Terriens de tout bord. Ne laissons pas le monde sécréter une nouvelle caste de parias : « les non-branchés ». Se connecter ou échouer, il n'y aura pas d'alternative au digital. Et d'abord dans l'éducation.

L'école universelle reste à inventer. Pourquoi pas par nous ? Elle a un nom : l'e-learning. Elle sera numérique et virtuelle (de 5 à 99 ans). Ses vertus : disponibilité (l'école à toute heure), ubiquité (sans frontières, en traduction simultanée), individualisme (sur mesure dans un coaching permanent), flexibilité (adaptée à notre mutation non stop), enrichissement (par l'intelligence collective du monde), interactivité (les réseaux sociaux créant leurs propres classes).

Nous disposons de nos Grandes Écoles, d'universités variées, d'une culture et d'un savoir historiques, d'une civilisation enviée, qu'attendons-nous pour mettre l'École Numérique à la disposition de tous les enfants du monde, et tout autant des notres?

Osons l'éducation numérique!

8) Le temps de vivre

La vie ne vaut d'être vécue que si on prend le temps de la vivre. Le slogan mitterrandien « donner du temps au temps » retrouve une seconde jeunesse. La frénésie de ce début de siècle nous laisse exsangue. Chacun veut décélérer. Oui au temps de travail mais à la condition de plus de temps libre, oui aux voyages mais en prenant le temps de visiter, oui à la voiture mais en limitant sa vitesse, sa consommation, voire son utilisation. Nous levons le pied. Mais le ralentissement le plus souhaité est celui de l'âge. Vieillir jeune est le graal d'un monde qui rêve d'immortalité. J'en suis le premier témoin. À l'aube de mes 80 ans j'ai signé ma carte de vœux: « Meilleurs vieux: vieux c'est mieux ».

Ajoutons de la vie à nos années. Pas des années à notre vie.

Osons la décélération!

9) Le temps de soi

Heureux contrecoup, ce ralentissement de l'âge se fait approfondissement des relations humaines. En pleine accélération du temps, nous voulons aussi prendre le temps d'être nous-mêmes. Mieux, nous cherchons à réinventer notre corps, sûrs que cette métamorphose nous vaudra toutes les réussites. Coaching, jogging, training : sport et chirurgie esthétique font recette.

SOS Faust revient ! Pourquoi en rire ? Hier locataire d'un corps social constitué, nous affirmons notre droit à la différence, et d'abord physique, fût-elle d'une barbe ou d'un piercing. La France est le pays des individualités, c'est dans cette conquête de soi que se joue aussi notre reconquête économique et sociologique.

Osons la personnalisation !

10) Le temps d'en France

La ruée vers les grandes villes et son corollaire, l'exode rural, va engendrer de par le monde des mégalopoles de 15 à 25 millions d'habitants livrées à la surcriminalité et la surpauvreté. Centre économique mais centre d'anxiété, elles peuvent détruire le bonheur de vivre. L'Asie en paiera le prix, l'Amérique a su s'en garder, à nous de le faire. Nous avons la chance d'une campagne à portée de TGV, de RER, de tramway, de voiture, de Vélib', d'Autolib', à nous de la protéger, la rendre accessible, la moderniser sans ne rien perdre de son charme d'antan. Notre art de vivre a tout à y gagner, notre équilibre professionnel de même, notre attrait touristique tout autant. Nous

nous plaignons de voir la France devenir un musée, faisons-en un musée productif.

Un musée qui allie l'harmonie et l'économie, l'équilibre et l'entreprise, le savoir-faire et le savoir recevoir. Notre pays est le lieu idéal d'implantations étrangères. La mondialisation nous a coûté cher. La délocalisation qui se fera un jour inévitable de l'Asie vers l'Europe nous renflouera. Nos régions s'y préparent. Faisons de notre art d'accueillir un business.

Osons la France !

11) Le temps de l'énergie

Le mal du siècle est lancinant, récurent, déstabilisateur. Il nous affecte tous. Il dérègle notre activité, notre combativité et jusqu'à nos amours. Son nom : la fatigue.

Elle envahit le monde tournant hier en roue libre, aujourd'hui en pleine accélération, elle nous envahit brisant notre sommeil, aiguisant nos peurs, acidifiant nos rapports, paralysant nos actes. Si nous la laissons faire, elle aura raison de notre première force qui n'est ni l'intelligence, ni le talent mais l'énergie, leur nécessaire moteur. La crise n'a pas affaibli que nos finances, elle a atteint nos organismes. C'est une triple fatigue : physique, mentale et morale qui nous assomme. L'État prend en charge notre corps, mais qui nous guérira de notre mal à l'âme! Notre triple santé est notre capital le plus précieux, nous y portons dix fois moins d'intérêt qu'à notre compte en banque.

Osons la triple santé!

12) Le temps du choix

Notre nouvelle vie se cherche en zigzagant entre racines et futur, acquis et avancées, protection et risques.

La crise et plus encore le bouleversement des nouvelles technologies nous obligent à revoir nos trajectoires personnelles côté business, côté sociologique et plus encore côté humain. Nos acquis s'effritent, qu'importe, nos fantasmes se font réalités, nos possibilités restent infinies. De tous les sondages, études, statistiques qui s'évertuent à nous expliquer le monde, seul compte le fait que nous sommes plus de vivants sur notre Terre qu'il n'y a eu de morts depuis sa création. Comment ne pas croire dans le progrès de l'humanité, comment ne pas espérer dans la vie?

La France est à la croisée des chemins, il dépend de nous, et de nul autre, politique, patron, philosophe ou leader d'opinion, de choisir. S'enkister dans notre léthargie, notre déprime, notre sinistrose ou rejoindre ceux qui vont refaire le monde.

Nous en avons les atouts, reste à en avoir la volonté.

Merde à la déprime!

Sources

La documentation de ces pages vient de la centaine d'études, de sondages, de panels qu'Havas mène chaque année de par le monde. Je les ai complétés par ceux plus spécifiquement français du CCA, CSA, BVA, IFOP, IPSOS, TNS SOFRES, INSEE, CREDOC.

Pour ne pas surcharger la lecture de notes sans fin, j'ai opté pour le parti de ne citer que les plus marquantes. Si d'aventure un lecteur ou l'autre tenait à s'informer plus avant, je suis à sa disposition.

Deux livres de chevet m'ont nourri durant cette année d'écriture :

– L'Iliade des études menées par le CCA, *Styles de Vie 2012/2017*, par Bernard Cathelat et son équipe, édité chez Eyrolles.

– L'Odyssée de la nouvelle pub de David Jones, décrypteur du monde digital et de ses réseaux sociaux, édité par Pearson.

J'ai aussi dévoré livres, articles, enquêtes sur le sujet et particulièrement :

– Jacques Marseille, « 12 raisons d'espérer », *Le Point*.

– Denis Gancel, *La France est une chance*, éditions W & l'Atelier d'édition.

– Christian Saint-Étienne, *Le Joker européen*, éditions Odile Jacob.

– Denys Muzet, *La France des illusions perdues*, éditions Le Monde-L'Aube.

– Conseil économique, social et environnemental, Avis de janvier 2013.

– OCDE, Rapport annuel sur l'État de la France en 2012.

– Fondation Total, Regards croisés sur la jeunesse (CSA).

– L'Observatoire de la mixité.

Et écouté les conseils de Jean de Nicolaï, directeur général du CCA et grand surfeur sur les déferlentes des courants sociaux-culturels.

À tous, merci, et d'abord à Franklin Loufrani, l'inventeur du Smiley qui a inspiré ma couverture.

Collection « Coup de gueule »
dirigée par Jean-Claude Gawsewitch

Composition : Soft Office (38)

Achevé d'imprimer en France
par Dupli-Print à Domont (95)
www.dupli-print.fr

N° d'impression : 234500
Dépôt légal : mai 2013